55歳からのやってはいけない山歩き

野村　仁

青春新書
PLAYBOOKS

疲れずケガしない足腰をつくるには、
街中のウォーキングだけでは
足りません

上都心から電車で1時間で行ける丹沢にも、こんな急斜面のガラガラ道(ガレ場)があります。雲がすぐそこまで迫って不安が高まるシーンです。ミスをしないで歩くためには、身を守ってくれる装備(シューズ、ウェア)と、疲れない基礎体力、足腰の強さが必要です。下ハイキングのメッカで知られる箱根も、こんなガレ場に近い石ころ道は普通に出てきます。安定した足場の見分け方、トレッキングポールでの補助のしかたを学びたいものです。

街から近くても山用のシューズ、ウェア、装備が必須です

都心から比較的近い、日光・男体山登山道のガレ場。列（オーダー）の順番もポイントになります。リーダーは最後尾、一番弱い人は前から２番目が基本。メンバーがバラバラに行動すると遭難や事故のもとになります。

地元では観光地としてPRしていて街着の人も訪れる山梨県の西沢渓谷は、渓谷沿いの岩道を歩く所もあります。山歩き用のシューズをはいて、山道の「歩き方」を意識して歩きたい道です。

日光白根山のガレ道にて。ロープウェイを使って短時間で登れるので軽装の人も目立ちます。でも、2500mを超える高山。トレッキングシューズがやはり安心です。

一大ハイキングエリアの尾瀬は、雨でも予定を中止せずに、しかも軽装で歩く人がたくさんいます。雨で濡れた木道は大変滑りやすく危険です。

悪天候……山の天気はあっという間に変わります

一日中雨が降り続いたあとの北アルプス・槍沢ルートにて。山の天気は平地よりも半日早く崩れ、半日遅くまで回復しないといわれています。山は雲が湧き、悪天候の生まれる場所なのです。

道迷い
……日帰りできる山でなぜ
「遭難」が後を絶たないのか？

❶上秋田県羽後山地の大仏岳という山の道です。山の地形が自然に指し示すように、尾根のライン上を歩いています。頭上の木の枝に結ばれた小さい赤布がルートの正しいことを教えています。山歩きでは、山にあるいろいろなサインの意味を読み取って、ルートを決めていきます。❷下大仏岳のヤブ道を、熊鈴を鳴らしながら歩いています。春先の山道は人が歩いて踏み跡が落ち着くまでは、不明瞭で分かりにくいです。

❶

❷

❸

❶奥多摩の榧《かや》ノ木尾根で道迷い遭難があった場所です。尾根の形が丸く平坦なうえ、落ち葉が踏み跡を隠してしまいます。正しいルートは左から右上へ通っていますが、遭難者は赤テープから先のほうへ進んでしまいました。❷榧ノ木尾根の下部で、以前に道迷いが多かった所です。進入禁止のロープが仮設され、白い簡単な表示板がつけられました。ほんの少し注意を向ければ、道迷い遭難を防ぐことができます。❸奥多摩の花折戸尾根で見たものです。今にも倒れそうですが、倒れれば、まただれかが手を加えるでしょう。立派な道標がなくても、いろいろなことを手がかりにルートを判断して歩くことが山歩きの基本です。

心にも体にも良い 山歩きを楽しむために

北アルプスの山々を歩くことは多くの人のあこがれですが、遭難も非常に多いです。やさしい山歩きから順に経験していきながら、同時に遭難防止のための知識を増やしていくことが大切です。

←くわしい解説は本文に

5章 未知の自然を楽しむ「計画、歩き方、地図の読み方」

イラスト　ぼるか　坂木浩子

序章 トラブルなく 安心して楽しむために

何のために山歩きをするのか？

山歩きが静かなブームになっています。『レジャー白書』の推計によると、国内の登山人口は約650万人（2016年）です。

注目されるのは、その潜在需要の大きさです。『レジャー白書』では、登山とは別に「ピクニック、ハイキング、野外散歩」の項目があって、参加人口は1680万人と推計されています。ハイキングと登山は、どちらも「山歩き」の一部です。レベルはともあれ、山歩きは多くの人に親しまれていて、国民の約7人に1人が経験しているのです。

『レジャー白書』の統計は、1年間に1回以上参加した人をカウントしています。観光旅行の一部みたいな形で登った人も含まれているでしょう。でも、山歩きに興味があって、もう少し本格的にやってみたいと考える人は多数にのぼると推定されます。

この本は、そのような人たちに向けて書かれた、「山歩き」入門ガイドです。

では、山歩きの目的、楽しさとは何でしょうか？

それは、未知の風景、特に美しい自然の風景に出会えることだと思います。

実際には、人それぞれに違った目的があるかもしれません。最も一般的なものはピークハントでしょう。日本を代表する名山を次々に登ってコレクションしていく「日本百名山」登山は、多くの愛好家がチャレンジしています。

私自身は、登山を始めてから数年間は、北アルプスのような岩山が大好きでした。岩場をよじ登る技術を学んで、岩登り、沢登りのようなこともやりました。

60代になった現在は、岩山も変わらず好きですが、深い森林の中を歩くときに安らかな気持ちになります。原生林や自然の森もいいですが、人の手が入って整然と管理された人工林も美しく感じるときがあります。

また、山間地の小さな集落と、杉、ヒノキ、アカマツ、雑木林のような、山の生活に根付いた風景が交互に現れるような山歩きも好きになりました。さまざまな土地に、特有の歴史と文化を背景にした山村風景が見られます。

日本の山歩きには、いろいろな風景との出会いがあります。その中から、あなたが好きなものを選んでできるのが、山歩きという遊びなのです。

健康目的での山歩きやトレーニングはすぐ飽きる？

山に登る理由や目的は人それぞれですが、その根底には、自然の中を歩くときに感じられる爽快感があります。山歩きが健康によい、というのは確かなところです。山歩きはハードなスポーツである半面、目標の山頂に立ち、無事に下山して帰って来られたときには、えもいわれぬ達成感に包まれます。山歩きは心身をリフレッシュし、健康にしてくれるのですが、それだけではないプラスの効果があるようです。

それは、山歩きを通じて「未知の風景をたずねる」点にあると思っています。好奇心や冒険心が満たされる、といってよいかもしれません。もちろん有名な登山家やクライマー、探検家のレベルとは比較にならないささやかなものですが、小さな山歩きでも〝冒険〟や〝探索〟につながるスパイスがあります。

山歩きに通ずるスポーツまたはレジャーとして、ウォーキングや散歩があります。ウォーキングの参加人口は３０００万人以上だそうです。国民の４人に１人が親しんでいるというスポーツです。

健康維持が目的なら、少し速めのペースでウォーキングをするといいでしょう。また、週に何日か、トレーニングジムで汗を流すことでもいいでしょう。

しかし、健康目的だけのトレーニングって飽きてきませんか？　基本的に同じ運動を反復するだけで、地道に継続することで効果が表れてくるというもの。そこでは、好奇心や冒険心といった部分が、刺激されることはありません。

知人で大学教員の後藤慎吾さんが、北アルプス・槍ヶ岳に来た登山者に対し、現地でのアンケート調査を続けています。「今回の登山の目的」への回答は、「槍ヶ岳登頂」が男性31％・女性39％と最も多く、「健康、運動」は男性3％・女性0％だったそうです。ごく普通の登山者であっても、登山は「未知への挑戦」の要素が大きいのでしょう。(注)

これから始める山歩きも、健康のためというだけでなく、新しいことへ挑戦するワクワクした気持ちをもちながら、やっていきたいと思うのです。

(注) その他の回答としては、「レジャー・観光」、「登山を楽しむ」、「縦走」、「挑戦・鍛錬」、「景色、花、写真」、「コミュニケーション」、「癒し、リフレッシュ」、「達成感、高揚感」など、多様な登山目的が挙げられています(後藤、2017)。

なぜなくならない？「大人世代」の遭難

山歩きや登山をする人に、知ってほしいことがあります。それは遭難の問題です。

山歩きは自分で目的の山やルートを決めて、そのとおりに歩き、登り、下山してきて完結します。しかし、途中で何らかのアクシデントが起こり、自力で歩き続けることができなくなり、そのままでは危険だと判断したときに、１１０番（警察）か１１９番（消防・救急）に通報して救助を求めます。こうなると、遭難事故が発生したことになります。

このような遭難ですが、２０１７年には２５８３件の遭難が発生し、遭難者総数は３１１１人でした。推計事故発生率は０・０２７％（約３６００人に１人）となります。

これが多いか少ないかというと、登山関係者の間では大変な多発状況ととらえられています。警察庁で山岳遭難の統計をとり始めて以来、最も多いということです。

さらに、遭難の最も多い年代は50代から70代、中高年の年齢層に重なります。50～70代の遭難者は全体の60％、50～70代の死亡・行方不明者は全体の72％を占めています。

遭難発生数の推移

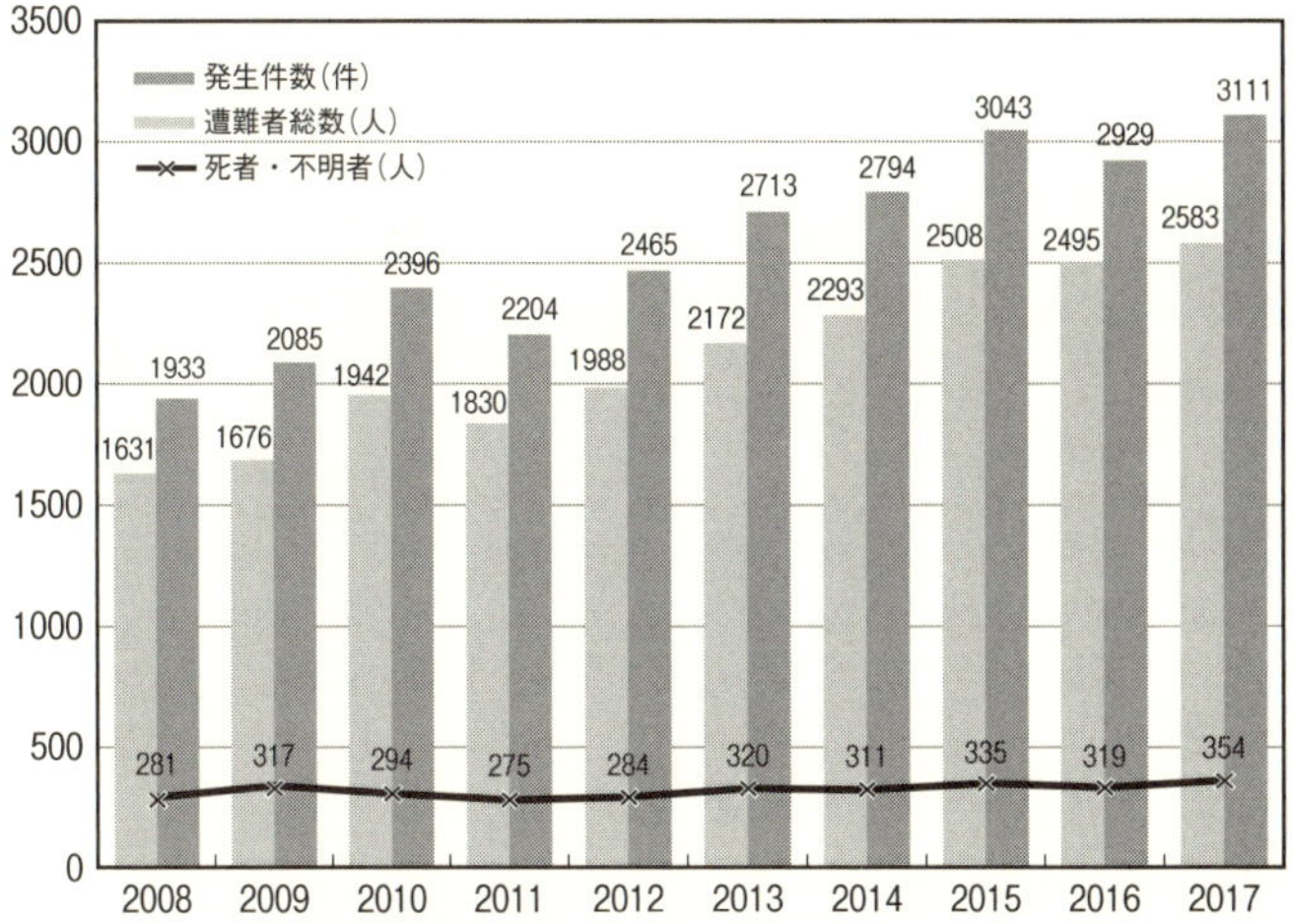

2010年以降登山人口が減っている一方で、遭難は増え続けている

警察庁、2017年

年齢別遭難者数

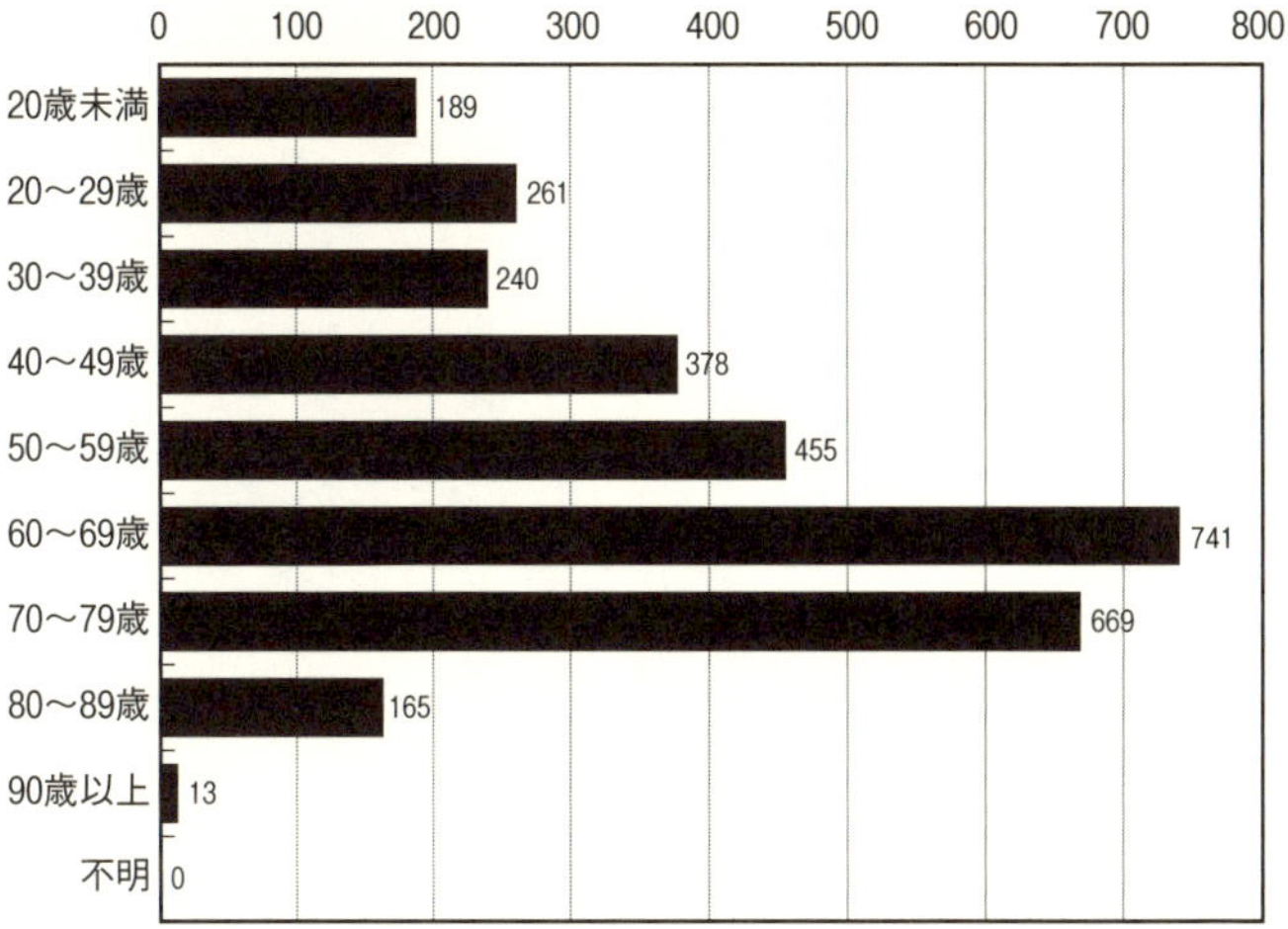

遭難する年齢層は60代が最も多く、50〜70代で60%を占めている

警察庁、2017年

◎ハイキング・登山には危険《リスク》がある

なぜ、こんなに中高年登山者の遭難が多いのでしょうか？　それは、かんたんに言えば、目的の山やルートと、そこへ行く人の実力がマッチングしていないからでしょう。

厚生労働省では身体活動の強さを表す単位として「メッツ（METs）」を推奨しています。1メッツは座って安静にしている状態で、そこからの倍数で運動強度を表します。これを使うと、スポーツの強さを比較することができます。

登山の運動生理学を長年にわたって研究してきた山本正嘉《まさよし》さん（鹿屋体育大学教授）は、いろいろな山歩きの強度をメッツで示しました。

それによると、ウォーキングが5メッツ以下の運動であるのに対し、ハイキングは6メッツ台、登山は7メッツ台になります。そして、7メッツ以上の運動は心臓突然死のリスクが高まると言っています。

ここではわかりやすい例として心臓病を挙げていますが、「7メッツ以上の領域にある〝登山〟は、遭難のリスクがある強い運動」と言い換えてもいいでしょう。

これに対し、6メッツ台のハイキングは、遭難のリスクがほとんどありません。山歩きのなかでも初心者向きで、距離・標高差も小さく、傾斜のゆるい坂道を登り下りするものです。時間的にも3〜4時間、半日以内で歩けるものです。

ウォーキング・山歩きなどの運動強度

3メッツ台	普通に歩く〜やや速く歩く
4メッツ台	速歩き
5メッツ台	かなり速く歩く
6メッツ台	ハイキング
7メッツ台	一般的な登山 ジョギング、スキー
8メッツ台	バリエーション登山 ランニング（分速130m）
9メッツ台	トレイルランニング
10メッツ台	ランニング（分速160m）

（山本正嘉『登山の運動生理学とトレーニング学』より抜粋）

中高年登山者に遭難が多い理由を、もう一度考えてみます。ふだんはウォーキング程度しか運動していなかった人が、ハイキングならまだしも、本番で、本格的な登山（7メッツ）まで踏み込んでしまったらどうでしょうか。きっと無理をした影響が、どこかに出てくることでしょう。

山本さんは、中高年登山者に多い身体トラブルとして、「筋肉痛」、「下りで脚がガクガクになる」、「膝の痛み」、「登りで苦しい（心肺能力不足）」を挙げています。これらのトラブルが多発する中で、一部の人は自力で歩けない状況になって、遭難しているのです。

山歩きそのものを「トレーニング」と考える

山歩きのトラブルを防ぐためには、運動強度の低いハイキングから順序よく体験していくことが大切です。とはいえ、問題点はまだあります。

①ハイキングと登山の区別がわかりにくい

ハイキングと登山を区別するのはなかなか難しいです。約10年前、私は『登山入門』という本を出しましたが、そこでは説明の都合上、「コースタイム合計4時間台、累積標高差約700mまで」のコースを「低山ハイク」としました。前出の山本さんは、「傾斜の緩いコースを軽装でゆっくり歩く場合」としています。なお、累積標高差というのは、コースの中で登り箇所の標高差を合計したものです。

②ウォーキングだけでは、ハイキングのトレーニングには足りない

ハイキングをするには、6メッツの強度の運動ができる体（特に脚筋力など下半身）が必要になります。しかし、ウォーキングは速歩きにしても5メッツ以下ですから、トレーニングとしては強度が足りません。坂道や階段の登り下りを含めたウォーキングか、ジョギングとウォーキングを交互にするものが、6メッツ台の運動になります。

ウォーキングは多くの人が実行しているスポーツで、中高年登山者にも、山歩きのためにウォーキングをしている人が多くいます（若い登山者は、ジョギングかランニングをする人が多いです）。しかし、登り下りのないウォーキングだけでは、ハイキングや登山のトレーニングとしては効果が少ないと、山本さんは指摘しています。

じつは、山歩きのトレーニングとして最もよい運動は、山歩きそのものです。

しかし、本番の山歩きをトレーニング（＝練習）として行うのは、位置づけが矛盾していますし、安全管理を慎重にやらないと危険な場合も起こってきます。

以前から山岳会などでは、トレーニング登山が実施されていました。春先から各種のトレーニング登山を行い、山に登る体づくり、知識の整理、意識づけをしていきます。そのうえで、夏山・秋山合宿では大きな登山計画を実現させるという流れでした。

同じような考え方で、十分に危険の少ない山・ルートを選びながら、定期的にハイキングに出かけて山を歩くことは、最良のトレーニングになります。山本さんによると、月に2回以上ハイキングや登山をすると、トレーニング効果があるそうです。

山歩きの楽しみは無限に広がる！

山歩きにはいろいろな楽しみ方があります。

「山歩き」という言葉には、山頂に立つことにはそれほどこだわらずに、山を歩くことそのものや、自然の中で過ごす時間を楽しむ、というニュアンスがあります。

頂上に立たなくてもよい「山歩き」は、ハイキングです。

都市周辺の丘陵・山地にある小さな山をゆっくり歩くハイキング、あるいは海岸の岩礁《がんしょう》、砂浜、灌木《かんぼく》林などを巡って歩くもの、社寺の森や緑地、名所旧跡などを結んで歩くことなども楽しいものです。

山歩きの楽しさは、自由で主体的である点にもあります。

あらかじめ決められたコースのとおりに歩く必要はありません。観光名所のように決まった場所に行き、皆が登ろうとする山にかならず登るのでもありません。登る山、おとずれる場所、歩くルートも日程も、自分で自由に決められます。もちろん、ガイドブックなどに載っているとおりに歩いてみるのも自由です。

登山は、もう少しハードな山歩きになるでしょう。「登山」という言葉には、山頂に立つことが目的というニュアンスがあります。全国のいろいろな山をたずねて次々に登頂してゆくのは、登山愛好家の代表的な楽しみ方です。

山ひとつにしても、３０００ｍ級の高峰、１０００～２０００ｍほどの中級山岳、１０００ｍ未満の低山があります。

地理的にも、九州本島や沖縄・屋久島・対馬の山、中国・四国・近畿の各山地、中部山岳の高山や、関東近縁のぼう大な山々、上信越国境山域、尾瀬周辺から南会津、飯豊《いいで》・朝日連峰、東北地方の個性的な山々、広大な自然が展開する北海道の山々と、大きな広がりがあります。

さらに、春、梅雨期、夏、秋それぞれの季節ごとに違った山の風景が見られます。雪山に登るには専門的な準備とノウハウが必要ですが、スキー場付近の雪原などを散歩することもできます。無雪期とは別次元の厳粛な風景に驚くでしょう。

山歩きをするときは、その場所についてよく調べて検討し、安全に歩けるように見通しを立てる必要があります。自由である半面、自分で安全面の管理を行う点は、観光旅行との大きな違いです。

ケガや故障をしないためにも、山歩きの正しい知識や技術を知って、自分の実力をオーバーしない範囲で楽しみたいものです。

1章 山歩きは「老けない心と体」に最適！

山歩きは最高の有酸素運動

山歩きと健康の関係について考えてみましょう。

山歩きが健康によいスポーツと考えられるようになったのは、今から20年ほど前にすぎません。それまでは、登山は3K（キツイ・キケン・キタナイ）と言われました。わざわざ危険な場所に行って、生産的でないことのために半端なく体を酷使する、信じられない行為というふうに見られることが多かったのです。

そのような登山は、90年代ごろから変わります。中高年世代のハイカーたちが、都市近郊の小さな山々を歩き、低山ハイクの楽しさを盛んにアピールするようになりました。

当時、社会ではジョギングに代わって、ウォーキングがブームになったころでした。少し前の1984年、ジョギングの教祖といわれたジム・フィックスが、ジョギング中に心筋梗塞で死亡するショッキングな事故が起こりました。健康によいはずのジョギングが、やり方によっては危険なことが判明しました。そのため、もっと安全なウォーキングが推奨され、流行するようになったのです。

ジョギングもウォーキングも代表的な有酸素運動（エアロビクス）です。

有酸素運動とは、酸素を十分に取り入れて、つまり楽に呼吸ができるような状態で行う運動のことを指します。有酸素運動をしているときは、体内の糖質や脂肪を燃焼することによって、運動のエネルギーを生み出します。あとには乳酸のような老廃物を生じないため、疲労が蓄積せず、長い時間運動を続けることができます。

これに対し、無酸素運動（アネロビクス）は、全力疾走のような激しい運動です。自由に呼吸をすることが難しく、酸素を十分に取り込めない状態で行われます。筋肉内に蓄えられた糖質（グリコーゲン）を消費して運動をしますが、しだいに筋肉内に乳酸がたまってきて、短時間で筋肉が動かなくなってしまいます。

では、「山歩き」は有酸素運動でしょうか？——基本的には有酸素運動ですが、急斜面を息を切らして登ったり、下り道を小走りに駆け下りるような激しい運動をすると、無酸素運動の割合が高まって、疲労してしまうかもしれません。

できるだけ体に負担をかけずに、ゆったりとしたペースで歩くことが大切です。そういう山歩きのやり方は、有酸素運動のよさを生かすことができるのです。

山歩きは「酸素を取り入れる能力」を高める

有酸素運動は、呼吸によって酸素を体内に取り入れ、糖質・脂質を燃焼し、エネルギーを生み出して行う運動です。長時間の運動を行うには、エネルギーを生み出す体内のサイクルが持続していなくてはなりません。

酸素は血液によって運ばれます。その経路は、肺→肺の血管→心臓→全身の血管→筋肉、となります。筋肉内で糖質・脂質が燃焼して（酸素と反応して）エネルギーが発生します。残った二酸化炭素と水は排出されます。

このような働きは、私たちの体が自然に備えているもので、少しも無理がありません。現代人の生活は屋内に偏って運動不足に陥りがちですが、そのほうが不自然な状態なのです。「歩く」ことは、人間が本来もっていた活動能力を呼びさましてくれます。

体内に酸素を取り入れる「酸素摂取・供給能力」は、心肺機能が関係しています。心肺機能が高い人は「酸素摂取・供給能力」が高く、山歩きの場面でいえば「なかなかバテな

酸素摂取と運動のしくみ

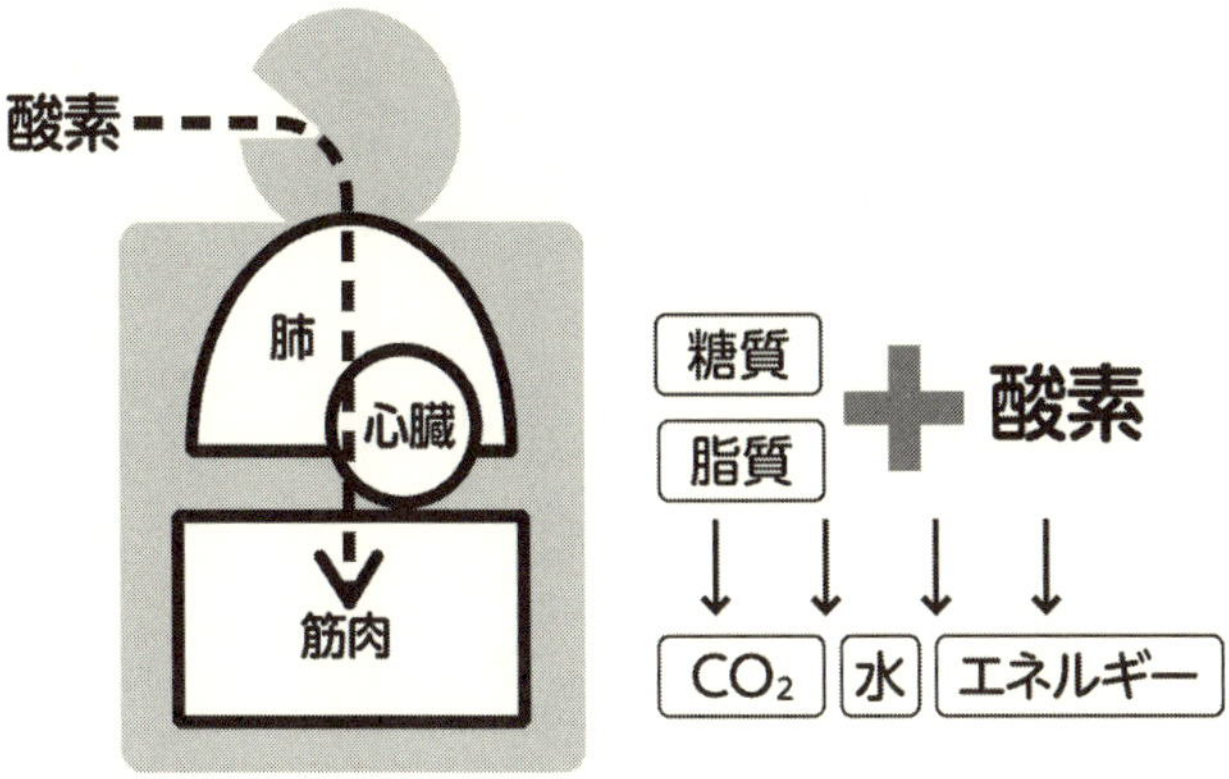

い」、「休まずにいつまでも平気で歩ける」、つまり、持久力の高い人になります。
心肺機能の高さを表す指標は、最大酸素摂取量といって、これは「全力で運動をしたとき、1分間に取り込んだ酸素の量」を意味し、記号は［VO_2max］と書きます。筋トレやランニングの本によく登場する用語です。
最大酸素摂取量は、トレーニングによって向上させることができます。前出の山本さんによると、体重1kg当たりの数値は、一般男性40mℓ、女性30mℓほどですが、一流登山家やトレイルランナーでは男性55～60mℓ、女性45～50mℓになるそうです。
山歩きによって肺と心臓の機能が強くなり、疲れにくい体をつくることができます。

山歩きは「血液の流れ」をよくする

血液は、栄養分や酸素を全身の筋肉へ届けると同時に、発生した老廃物や二酸化炭素を回収して、腎臓や肝臓に運ぶ大切な役割をもっています。

現代人に多い生活習慣病は、血液の流れが悪いことによって起こるものが多くあります。高血圧、高脂血症、動脈硬化などが代表的です。軽いものでは、冷え性、肩こり、頭痛、むくみ、肌あれ、慢性的な疲労など、血行障害によって起こるさまざまな不調があります。「血液の流れ」は、現代人の健康のポイントといえるかもしれません。

血液の流れをよくするために、かならず勧められるのが「適度な運動」です。運動療法という言葉もあるほどです。ウォーキング、ジョギング、山歩き（ハイキング）、どれも「適度な運動」として行えば、血行の改善に効果があるでしょう。

なぜ「適度な運動」によって、血液循環がよくなるのでしょうか？

血液の流れを作っているのは、何よりまず心臓です。体内に十分な量の血液があり、心臓がしっかり働けば、1回の拍出量も大きく、全身にそれだけ多量の血液が送り出されます。

しかし、心臓は血液を送り出すだけで、静脈からの血液を吸い上げることはできません。とくに心臓よりも低い下半身にある血液は、下肢の筋肉の力でポンピングされて、心臓に戻ってきます。十分な量の血液が循環するには、心臓がじょうぶなだけでなく、下半身の筋肉が強く健康である必要があります。

最近の運動生理学の研究で、ウォーキングの弱点として、平地を歩くだけでは筋力アップの効果がないことが指摘されています。脚の筋力をつけていくためには、無酸素運動にあたる強めのトレーニングも必要ということです。

信州大学教授の能勢《のせ》博さんは、「インターバル速歩」というトレーニング法を提唱しています。これは、「速歩3分、ゆっくり歩き3分」を1セットとして、1日5セット以上、週に4日以上行うというものです。「速歩3分」が、下肢の筋トレになっているのがポイントです。心肺機能とともに脚筋力が強くなるために、血液の流れもよくなり、山歩きに必要な持久力が向上するのです。実際の山歩きでも、坂道を登る部分は筋トレになりますから、インターバル速歩と同じような効果があると考えられます。

山歩きは「エネルギッシュな体」をつくる

ゆったりとしたペースでの山歩きは、基本は有酸素運動でありながら、登り坂の部分などで強い運動（つまり心拍数の高い運動）をして、脚の筋肉などで筋トレの効果が生じています。そのため、一定期間続けることによって脚筋力がアップします。同時に有酸素運動の部分で、筋肉の酸素利用能力である持久力も向上してゆくことになります。

このように、適度な強度での山歩きは、筋力と持久力を両方ともアップさせられるという、理想的な運動なのです。ただし、「適度な強度」という点が重要です。自分の体力レベルとかけ離れたルートに突っ込んでしまったなら、筋肉痛や関節痛になったり、疲れ切って歩けなくなったりと、さまざまなトラブルに遭う危険があるからです。

では、運動の強度とは、何を見ればわかるのでしょうか？　運動の強度は心拍数とほぼ対応していることがわかっています。ただ、心拍数は人によって変わりますので、運動の強度も個人ごとに違います。

山歩きの運動強度と心拍数・「きつさの感覚」の関係

120	105	90	75	60	45	30	15	歩く速さ（m/分）
1000	875	750	625	500	375	250	125	登高率（m/時）
非常にきつい	かなりきつい	きつい	ややきつい	楽	かなり楽	非常に楽	非常に楽	きつさの感覚
195	185	165	144	121	110	100	97	心拍数（拍/分）

（トレッドミルは傾斜をつけており、登高率は１時間に登る標高差を表す。山本『登山の運動生理学とトレーニング学』より抜粋）

上の表は、山本さんがトレッドミル（室内歩行器）の上を歩いて計測した数値です。歩く速度を上げると心拍数も上がり、「きつさの感覚」も増していきます。登高率600m／時ぐらいまでは楽に歩け、それを超えるときつさを感じ始めています。これ以上ではバテてしまう限界点は650m／時付近です。

ここにある「きつさの感覚」を、運動生理学では主観的運動強度といって、運動強度を表す尺度にしています。「ややきつい」の手前では、ほとんどの人がバテずに歩くことができますが、「きつい」になるとバテてしまいます。安全に山登りをしながらトレーニングできる運動強度は、「ややきつい」〜「きつい」の間といえます。

山歩きはメタボを予防する

メタボリックシンドロームは、別名、内臓脂肪症候群といいます。２００６年に登場した新しい言葉ですが、またたく間に全国に浸透しました。心臓病や脳卒中などの動脈硬化性疾患をまねきやすい病態をさします。厚生労働省の「e-ヘルスネット」という情報サイトに、その診断基準が掲載されています。

Ａ：ウエスト周囲（内臓脂肪蓄積）が男性85cm・女性90cm以上

Ｂ：高血圧、高血糖、脂質異常が、それぞれ基準値に当てはまる

Ａの条件に加えて、Ｂのうち２つ以上に当てはまるとメタボリックシンドロームと診断され、１つに当てはまると予備軍と診断されます。

現在、日本人の40～74歳について、男性の２人に１人、女性の５人に１人が、メタボリックシンドロームまたは予備軍と考えられているそうです。驚異的な多さです。

実際には「メタボ」と縮めた言葉で、軽く肥満の代名詞のように使っていることが多い

と思います。しかし、本当の意味は深刻なものがあります。Aの内臓脂肪蓄積に該当するだけでも、黄色信号と考えて、対策を行ったほうがいいでしょう。

「e-ヘルスネット」では、メタボリックシンドロームを防ぐために、①積極的に体を動かす、②軽めの運動を続ける、③筋肉を鍛える運動を取り入れる——日常生活の中で、この3つを習慣にすることを勧めています。

これまで書いてきたように、②は有酸素運動であるウォーキング、ジョギング、サイクリング、水泳など、③は下肢を中心とした筋トレが該当します。そして、「適度な強度」で行う山歩きも、もちろんメタボ予防の効果があります。

メタボリックシンドロームと診断された人が、運動だけで病態を改善するためには、少なくとも週当たり「10メッツ・時」以上の有酸素運動が必要と、厚生労働省は指針を示しています。「メッツ・時」という単位は、運動の量を表しています。

たとえば、通常のウォーキング（3メッツ）なら、週に合計4時間行うと、この基準をクリアできます（3×4＝12メッツ・時）。ハイキング（6メッツ）なら、週1回、2時間のルートを歩くだけでクリアできます（6×2＝12メッツ・時）。

ウォーキングや山歩きを始めれば、すぐにでもメタボの状態が改善できるのです。

山歩きはメンタルヘルスに良い

一日の山歩きから帰ってくると、身も心も軽くなり、何かよいことをなし終えたようにうれしく感じます。

山歩きは精神の健康にもよい影響を与えると確信できますが、それを科学的に証明したものなどはないようです。

ウォーキングの分野では、「歩く」運動が、脳へのよい影響があることが広く知られています。

ウォーキングをすると、脚の筋肉から多くの情報が神経細胞を伝わって脳に届きます。すると、視覚、聴覚、触覚、バランス感覚などが働いて、脳内ホルモンが分泌されます。このホルモンの働きによって、体が目覚める、集中力が高まる、リラックスした気分になれる、ストレスが発散するなど、ポジティブな感覚が起こってきます。

このような効用は、山歩きでも同じです。ウォーキングや山歩きを通じて脳によい刺激を与え、脳を十分に働かせることによって、体の健康を維持すると同時に、精神的な若さや心の健康も保つことができるでしょう。

最近は認知症やうつ病の研究などで、脳内ホルモンの働きが注目されています。

セロトニンは、別名「幸せホルモン」として有名です。脳内の神経伝達物質の一つで、ほかの脳内伝達物質であるドーパミン（喜び・快楽など）、ノルアドレナリン（恐怖・驚きなど）などの情報を制御して、精神を安定させる働きがあるそうです。

「〝歩く〟運動は、セロトニンを脳内にたくさん出す」と、医師の長尾和宏さんは強調しています。うつ病も認知症も、「歩く」ことが最良の治療になるというのです（『病気の9割は歩くだけで治る！』山と渓谷社）。

うつ病は脳内のセロトニンやノルアドレナリンが不足した状態なので、セロトニンを増やすために抗うつ薬が使われます。「歩く」運動でセロトニンが増えるのなら、抗うつ薬と同じ効果があることになります。

また、近親の高齢者の方が、脚が弱って自由に外を歩けなくなるのをきっかけに、急に老け込んで弱々しくなってしまうのを見たことがないでしょうか？

歳をとると、それに応じて筋力も弱っていくのが普通です。

筋力を維持するためには、全身の3分の2を占める下半身の筋肉を使って「歩く」しか方法はありません。

「歩く」ことは、アンチエイジングの最後の砦なのです。

2章

「疲れずケガしない足腰」になる

正しい姿勢で歩く

山歩きをする前に、平地の「ウォーキング」における歩き方を学んでみましょう。正しい姿勢で歩くことで、効率のよい疲れにくい歩き方や、安全な歩き方ができます。

まず、正しい立ち方です。

肩の力を抜いて、まっすぐに立ちます。

①顔は、あごを引いてまっすぐ前を向きます。

②背筋はまっすぐ伸びて、猫背にも、そり返りにもなっていません。

③左右の肩甲骨を少しだけ引き寄せるように力を入れて、胸を開き気味にします。

④腹は突き出さず、腰はそり返っていません。

⑤足を少し開いて立ち、両足に均等に体重がかかっています。

ランニングコーチの金哲彦さんは、「丹田《たんでん》、肩甲骨、骨盤」の3つを意識すれば、正しく立てると言っています（『からだが変わる体幹ウォーキング』平凡社新書）。

正しい立ち姿勢

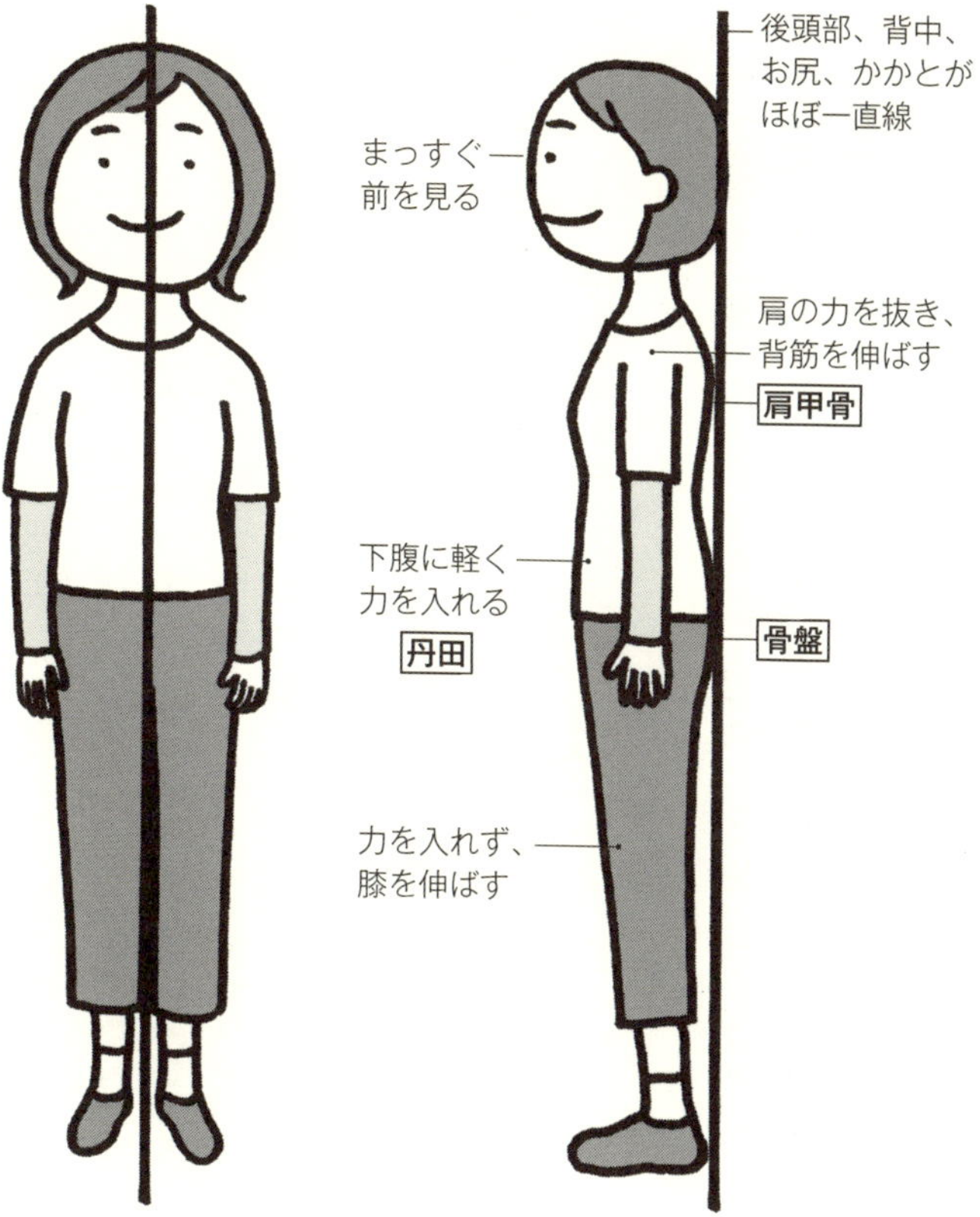

骨盤を前傾させる

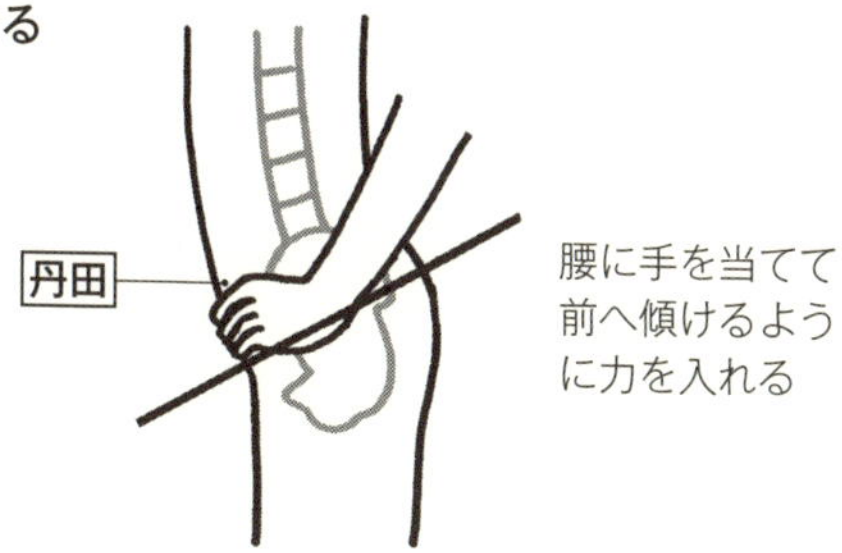

丹田は東洋医学のツボの一つで、へその下4〜5cmあたりにあります。歩くときの重心になる部分です。ここを意識します。

肩甲骨は背中側の両肩の下にある大きな骨です。ふだん使わないと固まって、猫背になってしまいがちな所です。ここを軽く引き寄せて、胸を開き気味にします。

「骨盤を意識する」というのはわかりにくいですね。金さんは、骨盤が前傾していることが大切だと言っています。腰に両手を当てて、丹田を意識しながら、骨盤を前に傾けてやるようにすると、骨盤が前傾する感覚がわかるでしょう。

◎普通のウォーキング

正しく立った姿勢から歩き出します。次の点に注意します。

①視線は10mほど先を見ます。
②腕は意識的に後ろに大きく振り、自然に前に振り戻します。
③歩幅はふだんより広めにします（歩幅が広いほど運動強度が高くなります）。
④足はかかとで着地し、足裏全体で踏み込み、つま先から離れます（ローリング）。

ウォーキングの解説では、ひじを曲げて勢いよく振るというものが多いですが、むしろ

普通のウォーキング姿勢

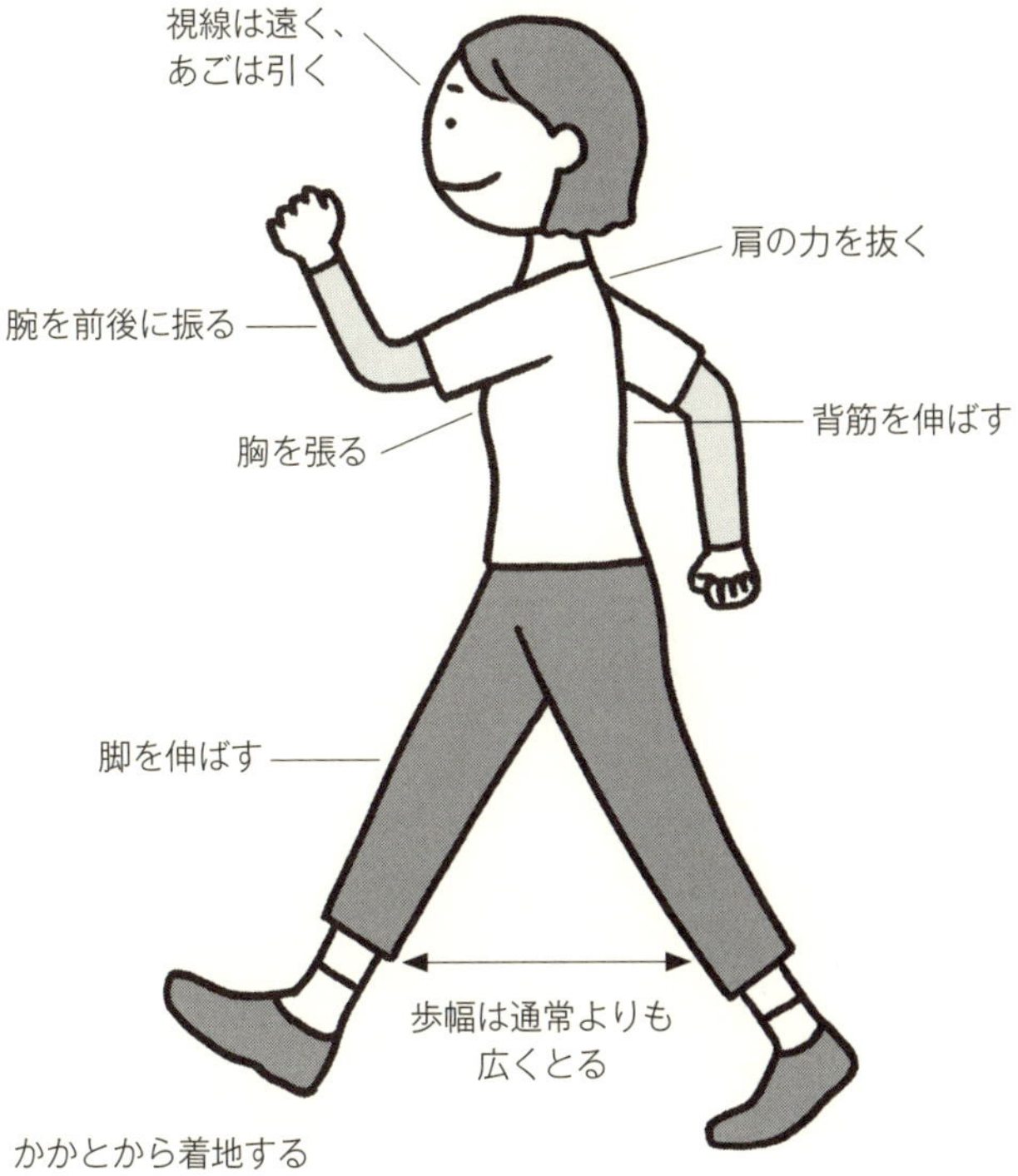

足の着地の仕方

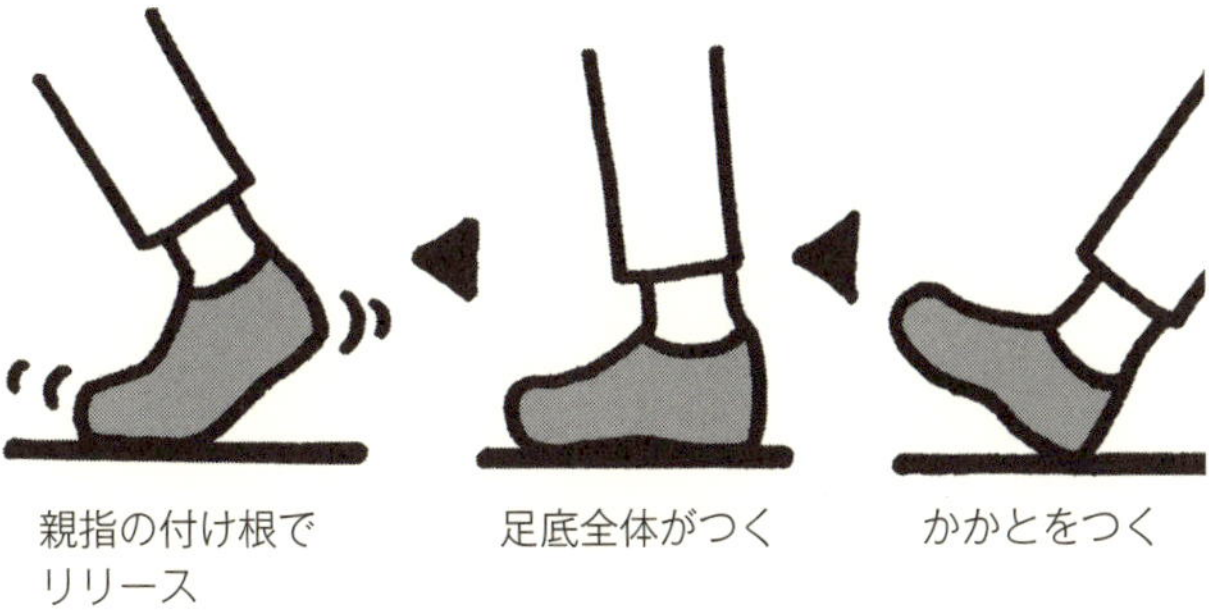

ひじを後ろに振って肩甲骨を動かすように意識し、自然に振り戻せばいいでしょう。

また、足のかかとからつま先へ加重していくローリングが強調されることも多いですが、こちらも自然に体重移動していけばいいでしょう。ローリングの形を意識しすぎると、体の一部に力が入り過ぎたりしますので注意してください。

◎金哲彦さんの体幹ウォーキング

金さんは、体幹を意識して歩く、体幹ウォーキングを推奨しています。これは、頭―肩―腰―足を一本の直線のように意識して、その体軸で加重を受け止めて歩く方法です。

①（ひじを後ろに引くことによって）肩甲骨を後ろに引きます。
②肩甲骨の動きによって、同じ側の骨盤が後ろに回旋し、反対側の骨盤が前に出ます。
③前に出た骨盤の動きによって、同じ側の足が前に出ます。
④着地します。同時に（先ほどと逆側の）ひじが後ろに引かれ、①が起こります。
⑤着地に続くタイミングで、着地した足の上で加重します。

この連続でウォーキングをします。けっこうスピードが出て、強度のやや高いウォーキングになると思います。興味がある方は金さんの本を読んでください。

体幹ウォーキング

ほとんど同時に加重する。脚の上に上半身がまっすぐに乗ると、地面からの反発力を推進力として利用できる

着地（前足）するのと同時にひじが後ろに引かれて、骨盤に肩甲骨の動きが伝わる

1日30～60分、週に3～4回歩く

ウォーキングから始める理由は、歩ける体をつくることと、歩くことに抵抗感がなく、体を動かすことが気持ちよい、というような感覚を身につけてほしいためです。

では、歩ける体をつくるために、どれくらいの頻度でウォーキングをすればいいでしょうか？　それは現在もっている体力レベルによって違いますし、皆さんの置かれた環境によっても変わってくるでしょう。

38ページでご紹介したように、メタボ改善が目的の場合にはウォーキングを週に合計4時間行うことが必要と、厚生労働省の指針から計算しました。

1回1時間のウォーキングなら週4回、ほぼ1日おきに行うことになります。これは、生活行動での歩行とは別に、運動としてのウォーキングという意味です。これを続けるのは、結構強い意志が必要ではないでしょうか。

しかし、このあとで順次ご紹介しますが、週末の休みを利用して里山歩きやハイキング

をするようになれば、それほど無理をせずに、楽しみながらできるようになります。
①ウォーキング30分×7回［10・5］（単位：メッツ・時）（3メッツ×0・5×7回）
②ウォーキング30分×平日3回［4・5］、週末の里山歩き1時間［5］
③ウォーキング30分×平日3回［4・5］、週末のハイキング1時間［6］
30分のウォーキングだけだと、7日間毎日やらないと、厚生労働省基準の「週10メッツ・時」に届きません。40分なら週5日間、1時間なら週4日間です。

しかし、週末に1時間ほどの里山歩きやハイキングをすると、平日に30分のウォーキングを3回やるだけで、だいたい「週10メッツ・時」前後の運動量になります。

一つの考え方の例をあげてみましたが、高齢の方や、運動不足で体力の落ちている人などは、まず外に出て10～20分間散歩することから始めればいいでしょう。短時間でも、できるだけ毎日歩いて、体を動かすことに慣れるのが大切です。歩くのがおっくうでなくなってきたら、30分歩き続けることに挑戦してみましょう。

また、最初は普通にゆっくり歩くことから始めて（4km／時ぐらい＝3メッツ）、慣れてきたら少し歩幅を広くし、速めに歩いてみます（5km／時ぐらい＝4メッツ）。そのとき、44ページで説明した「正しい姿勢」になるように意識してみてください。

生活の中で「歩くこと」を習慣にする

山歩きやハイキングは、ウォーキングよりも強い運動です。それは、坂道を登り下りすることと、重さのあるバックパック（ザック）を背負っているからです。平地のウォーキングをしているだけでは、山歩きのトレーニングとしてはやや不足です。

それを補って山歩きに使う筋力を鍛えるには、ウォーキングを坂道のあるコースでやることと、駅などの階段の昇り降りがあります。

坂道はいろいろな所にあります。地図を見れば、市街地の中にもかつて山だった場所が見つかり、現在は緑地公園だったり、神社やお寺だったりします。そのようなポイントを見つけて、自分用のウォーキングコースを設定するのです。眺めのよい場所だったら、ちょっとした達成感も感じられるでしょう。

駅の階段を昇るのは、山歩きと同じ脚筋力（太ももとふくらはぎ）を鍛えることになります。エスカレーターに長い列ができている横で、ガラガラの階段を昇れば、並ぶよりも早く上がれるかもしれません。また、下りもトレーニングになります。

1フロア分の階段を昇ってもたいしたことはないと思うかもしれませんが、一日に接するほとんどの階段を昇り降りすると、合計すればけっこうな運動量になります。

坂道の登り下り、階段の昇り降りは、平地歩きとは別の注意点といいますか、効率的に歩くためのコツがあります。これについては、3章（94ページ）で解説しています。

一つ手前の駅で降りて歩くことは、多くの人が健康法としてやっているでしょう。私は街に出たとき、バスや地下鉄に乗らないで、その区間を丸々歩くことをよくやります。時間があるときに限られますが、これをやると30分程度のウォーキングがすぐにできます。地図がないと右往左往してしまいますが、近ごろはスマートフォンのアプリで地図が見られるので、迷わずに歩くことができます。

日常生活の中でも、機会があったらなるべく歩く、体を動かして活性化させる、そんな生活を心がけたいものです。仕事では一日中デスク、帰宅してもテレビかスマホ、疲れるのは嫌だとゴロゴロしているのでは、体がさびついてしまいます。

そんな生活に浸りきっていながら、友達に誘われたから○○登山へ！などというのは、だれから見ても危なっかしいパターンなのです。

自宅の周辺を〝探検〟して歩く

ウォーキングを運動と考えるなら、通行量が少なめの道路や、公園、体育グラウンドなどでやるのがノーマルかもしれません。また、毎回決まったコースを歩くほうが、歩くスピードや体調把握などの面でやりやすいでしょう。

しかし、せっかく歩くのですから、好奇心のおもむくままに、いろいろな場所を散策して楽しんではどうでしょうか。

これまで仕事中心で生きてきた人は、自宅周辺をきちんと歩いた経験は少ないかもしれません。自分の住む町で見所となっている場所、名所旧跡、有名な町並み、住宅街、田園地帯などのスポットがどこか、知っていますか？　ウォーキングを始めたら、そういう場所を一つずつ訪れてみるのも楽しいと思います。

行ってみたい場所のめぼしをつけるには、地図があると便利です。

私がこれまで愛用してきた地図は、「街の達人」シリーズ（昭文社）です。道路地図で

『街の達人　便利情報地図・全神奈川』の地図

すが、市街地については、全域が1万分の1の大縮尺でカバーされています。
地図は、その場所のイメージをふくらませてくれる力を持っています。この地図を見ていると、ウォーキングで行ってみたい場所がいくつも見つかります。
神社・お寺……長遠寺、杉山神社、日枝神社、宝秀寺、西山寺、陽光院、ほか多数
公　園……中央公園、南神大寺団地
その他……横浜聖アンデレ教会、「みどりの小道」、「せせらぎ緑道」など

地図をカラーコピーして、車の通行量が多くなさそうな道を選んでマーカーを引き、コースを設定します。それを持って歩くといいでしょう。

たとえば、神大寺交差点（右上のコープのある場所）を起点にしてみましょう。

①南へ向かい、南神大寺小と団地の間を通り、番地「8」の建物の裏側へ抜ける
②西へ歩き、西神大寺バス停の北側で県道（グレーの道）を横断し、裏の道を右折する
③やまゆりゴルフセンター前で右折し、信号を渡り、パークホームズ裏側へ向かう
④X字形の交差点で右折し、細い道を歩いて神大寺交差点へ戻る

約2・2㎞、約30分のコースになります。標高差40ｍほど登る箇所があります。
地図を見ていろいろ考え、自分のウォーキングコースを設定してみてください。

自治体で設定しているコースを歩く

ウォーキングの参加人口は3000万人以上、国民の4人に1人が経験していて、スポーツの中では断然トップです。

ウォーキングが国民的なブームになっていて、生活習慣病対策としても効果が大きいということから、各地の自治体でもウォーキングをあと押しするようになりました。いろいろなウォーキングコースを設定して、ウェブサイトで公開したり、ガイド冊子を作成・配布したりと、大変力を入れている状況です。

コースを考えているのは、地域に精通した専門家、保健担当員、地域住民などですから、私たちが気づかない隠れスポットを紹介していたり、とても興味深いものです。ぜひ自分のウォーキングにも取り入れて楽しみましょう。

いくつか例を紹介しましょう（2018年8月時点の情報）。

「多摩武蔵野ウォーキング」は、東京のウォーキングサイトです。多摩・武蔵野だけではなく、東京都全域から、担当者が歩いて取材したコースを紹介しています。

その中の「根川緑道・多摩川・矢川緑地」は、立川市南部を横切る根川緑道を中心に水辺を歩くコースがガイドされています。概略図だけですので、自分で地図を入手したほうがいいでしょう。写真と文章のガイドはとても詳しく、食事スポットも案内しています。「4・5㎞、約2時間」とありますが、ただ歩くだけなら1時間ほどでしょう。

このサイトでは、ウォーキングコースが48本掲載されています。皇居、お台場、渋谷・原宿、浅草・上野などは、徒歩主体の観光旅行といった感じもします。

横浜市の場合は、市民の健康づくりを目的に、2014年11月からウォーキングポイント事業を実施しています。参加者の市民へ無償で歩数計を配布し、市内100カ所以上の協力店・施設に設けた読み取りリーダーで歩数・消費カロリーなどのデータを送信して、それらの推移やランキングを専用ウェブサイトで確認したり、ポイントを集めると抽選で景品が当たるというものです。参加者は約23万人(2017年)にもなります。

横浜市では各区単位で、地域の魅力あるスポットを回るコースを設定し、ウェブサイトやパンフレットで紹介しています。市全体ではぼう大な数になります。ウォーキングの情報が非常に豊富ですから、横浜市民は恵まれていると思います。

立川市・根川緑道のウォーキングコースガイド（冒頭部分）

立川市　TACHIKWA

自然　歴史　花

根川緑道・多摩川・矢川緑地

ねがわりょくどう・たまがわ・やがわりょくち

美しい小川の遊歩道と多摩川の岸辺、湧水の緑地を辿る水辺散策ウォーキング

立川市を縦に貫く多摩都市モノレール線と多摩川が交差する市南部周辺には、小川に沿って整備された緑豊かな遊歩道がある。その近隣には古い旧道や川渡しの跡、また湧水に育まれた緑地など、貴重な史跡や自然が多く残されている。今回は、立川市南部を横切る根川緑道を中心に、自然と歴史に触れながら美しい水辺を辿るウォーキングコースをご紹介する。浄化水の川、自然水の川、湧水の川の違いも見比べながら、春から秋にかけての爽やかな季節の中を、ぜひ歩いてみよう。

Guide

全長	約4.5キロ
所要時間	約2時間
Access：電車	多摩都市モノレール線で柴崎体育館駅下車
Access：車	国道20号で日野橋交差点から新奥多摩街道に入り約3分
おすすめシーズン	4月の桜開花や、7〜9月の夏のシーズンがおすすめ

Route&Map

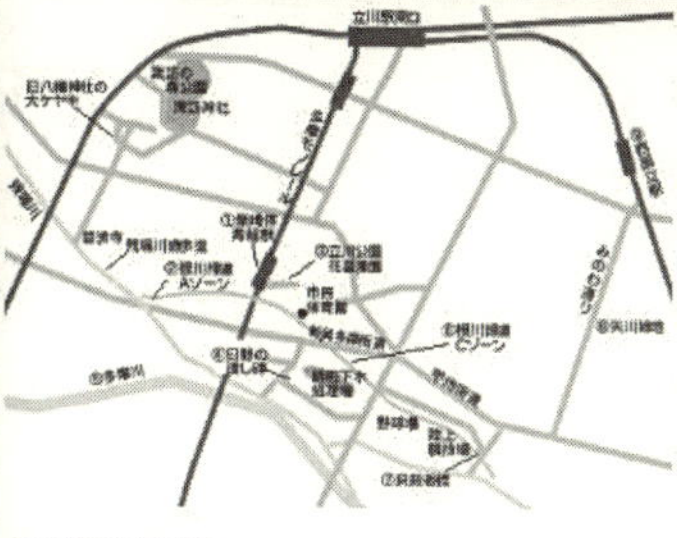

1　柴崎体育館駅
↓　徒歩10分
2　根川緑道 Aゾーン
↓　徒歩15分
4　日野の渡し碑
↓　徒歩3分
5　多摩川の岸辺
↓　徒歩10分
6　根川緑道 Cゾーン
↓　徒歩20分
7　根川緑道 貝殻坂橋
↓　徒歩25分
8　矢川緑地
↓　徒歩15分
9　西国立駅

→この地図を拡大する

→より詳細な地図を見る

根川緑道　A・Bゾーン　　生き物が棲む清流で水遊びも楽しめる親水エリア

花　自然

多摩都市モノレール線の柴崎体育館駅から柴崎橋のスロープを下りると、モノレール下の車道と交差するように根川緑道が東西に伸びている。ここは川、公園、歩道の要素を一つにまとめた美しい水辺の散策道。初めて来た人は、柴崎橋より西側に延びている遊歩道を辿り、ぜひ湧水口から散策を始めてみよう。
根川緑道のスタート地点は、残堀川遊歩道と交わる緑道西端の入口。ここには湧水口があり、湧き出した水が小川となって流れ始め、その小川に沿って遊歩道が造られている。遊歩道には草木がバランスよく配置され、小川は細くなったり広くなったり、途中で池になったりと形を変えながら延び、その上に小さな木の橋や飛び石のような遊び心のある橋があちこちに架かっている。清らかな水辺には魚や水鳥が

少し遠出して「里山コース」へ出かける

里山とは、昔の日本にあった田んぼと畑地、雑木林などの自然風景をさしています。自然と人間とがバランスを取り、共存していた時代の象徴的な風景です。

1960年代以降、日本の経済発展とともに、都市周辺の里山は住宅地に姿を変え、地方でも農林業が衰退したために里山は荒廃しました。ところが、経済発展の時代が過ぎて、人々が安らぎのある生活を求め始めると、里山はあちこちに復活してきました。

現在、いろいろな所に里山があります。正確にいえば「里山的な環境」かもしれません。里山の基本要素は、田んぼ、畑、ため池、草地、竹林、雑木林（薪炭林《しんたんりん》）、アカマツ林、スギ・ヒノキ林などです。田んぼや畑は、NPO団体や市民ボランティアが維持している所が多くあります。森林も、ボランティアが枝打ちや間伐をしたり、林業体験イベントが行われたりしています。住民も自治体も、「里山的な環境」を地域の資産と考え、大切に維持しようとしています。

里山歩きの持ち物

日よけ帽子
（風に飛ばされない
工夫を）
薄いジャケットの
ような上着
軽い折りたたみ傘
chocolate
水または飲み物
（500cc ぐらい）、
お菓子類を少し
歩きやすい靴（ジョ
ギングシューズ、ハ
イキングシューズ）
双眼鏡や図鑑があると
楽しめる場合がある
図鑑
小さいバックパック
（登山用でなくても
よい）
ハンドタオル、
ティッシュ、
ごみ入れ袋
地図またはコースがわかるもの

里山を歩くことは山歩きの第一歩だと、私は考えています。

平日のウォーキングにはちょっと遠いですが、半日の時間が取れる日に、里山ウォーキングに出かけてはどうでしょうか。自治体などが紹介しているウォーキングコースの中にも、里山的な自然の中を歩くものがたくさんあります。

里山歩きの特徴は、次のような点です。
・町に近い、または隣接しているので安全です。遭難することはありません。
・時間は1時間程度から、長くても3時間ぐらいの半日コースです。
・登り下りの高低差が少なく、最大でも100～200m程度です。
・身近でよく知られた生き物が多いです。生き物観察は親子で楽しめます。代表的な生き物は、トンボ、チョウ、バッタ、カエル、ホタル、カブトムシ、クワガタなど。
・私有地で、耕作地が近いですから、マナーが大切です。写真撮影などは特に注意。
・地元料理を食べられるお店があったり、地場野菜が買えることもあります。

◎首都圏の代表的な里山

多摩丘陵

多摩丘陵は、西の高尾山麓から東京・神奈川県境にかけて広がる、広大な丘

神奈川県・新治《にいはる》市民の森の里山歩き

陵地帯です。市街地と接しながら、昔ながらの雑木林、農地、草地が散在して残っています。その多くが東京都民の活動によって保全されています。

狭山丘陵

埼玉県の狭山《さやま》湖、東京都の多摩湖にかけて、雑木林と谷戸《やと》（田んぼ）地形が広がり、武蔵野の里山が昔ながらの姿で残されています。映画『となりのトトロ』の舞台になった場所として有名です。

神奈川県の里山

神奈川県では古くから市民活動により里山が維持されてきました。生田《いくた》、黒川（以上川崎市）、寺家《じけ》、舞岡《まいおか》（以上横浜市）など、よく知られた里山が点在しています。近年は、丹沢《たんざわ》山麓でも里山活動が活発になっています。

ジョギング、ランニング、サイクリングは必要？

山歩きのためのトレーニングとして考えた場合、ウォーキングは最も山歩きに近い運動ですから、効果的なトレーニングになるでしょう。

ジョギング、ランニングは、心肺機能も脚筋力も鍛えられる点では、山歩きや本格的登山のトレーニングに適しています。注意点は運動強度です。

ジョギングは7メッツ、ランニングは8メッツ以上の運動です。普通の登山（7メッツ）にはジョギングが、重荷、長期などの本格的登山（8メッツ）にはランニングが適しています。実際に、登山の中・上級者にはランニングをしている人が多くいます。

ただ、これから山歩きを始めようという人には、このような強いトレーニングは必要ではありません。ハイキング（6メッツ）のための体力づくりには、少し速めのウォーキングか、ジョギングとウォーキングの交互くり返し、などの運動がいいでしょう。

サイクリングは、サドルに体重の大部分を載せますので、膝や腰への負担が少ないです。

飽きずにできることも利点です。しかし、足で体重を受け止めませんから、普通に走っているだけでは脚筋力を鍛えることはできません。坂道を上がるか、重いギアで一定以上のスピードで走れば、トレーニングになるでしょう。

◎メッツという考え方

これまで何度か登場している、「メッツ」について説明しておきましょう。

メッツは、運動や身体活動の強度の単位です。安静時を1メッツとして、その何倍の代謝（カロリー消費）をしているかを表しています。メッツの便利な点は、運動の強度をすぐに比較できることと、消費カロリーの計算がとても簡単にできることとです。

たとえば、「ハイキング」と「ジョギング～歩行のくり返し」はどちらも5メッツですから、ほぼ同じ強さの運動とわかります。

また、メッツから消費カロリーを計算する簡易式は、次のとおりです。

［消費カロリー(kcal)＝1.05×メッツ×時間×体重(kg)］

たとえば、体重60kgの人が1時間のウォーキングをしたときの消費カロリーは、

［1.05×3メッツ×1時間×60kg＝189kcal］　と計算できます。

コースガイド ①

寺《じ》家《け》ふるさと村

――横浜市最北部・多摩丘陵に残された里山を歩く

（神奈川県、最高標高55ｍ）

寺家ふるさと村は、横浜市の最北端にあって、北は東京都町田市に、東は鶴見川をはさんで川崎市麻生区に接しています。この地域は多摩丘陵の中の小さな一角ですが、大正時代から続く里山的風景が奇跡的に残された場所として有名です。

ここでは青葉区のウェブサイトで紹介されていた、少し広い範囲のウォーキングコースを歩きましょう。鴨志田郵便局とスーパーの間の歩道を歩いて、山田谷橋を渡り、約90ｍ先の三差路を右折、鴨志田第3公園に突き当たったら左折します。車道を横切って細い道へ入り、突き当たった深い森の所で左折します。また突き当たったら道なりに右折し、右側の斜面が途切れた所で左折します。コースが複雑なので注意してください。

ここから里山風景の道をしばらく歩きます。野菜畑、柿の木畑、盆栽の畑などが続きます。青葉区のガイドで「あじさいの小径」というあたりだと思います。

突き当たって右へ曲がると白いビルがあり、その右側へ入って階段を下ります。直進す

共同作業のために集まった市民や家族のみなさん

寺家集落の前にある居谷戸と小さな裏山

コースタイム	ルート距離	登り標高差	下り標高差	ルート定数
1.6時間	4.0km	90m	90m	5.0

※「ルート定数」については184ページで説明します。

ると寺家川に出ます。この左手に総合情報センターの「四季の家」があります。

広い山田谷戸を横断し、バス路線の車道も横切って直進します。山裾の集落を通って居谷戸へ出ます。寺家の人々が暮らす場所です。谷戸の奥まで歩いて、居谷戸池の前で左折して細い山道を登ります。朝夕は鳥がにぎやかにさえずっています。新池のすぐ下で山田谷戸の上流に出ます。この付近は、寺家に来る人が一番多く集まる所です。

谷戸を対岸に渡って右折します。寺家川の源流にあたる小川はホタルが多いということです。谷戸の奥にあるむじな池は、寺家7池の中で一番美しい池だそうです。

ここからの山は「寺家ふるさとの森」と呼ばれ、里山の雑木林を復活させた山です。横断すると10分ほどで終わってしまい、熊の池の前の道に出ます。小さな熊野谷戸がありま す。対岸の階段を登って鴨志田公園に出ます。

公園と団地の間の車道を歩き、突き当たったら左折し、右へ2回目に分かれる道に入ります。左側にスーパーが現れ、郵便局の前の通りに出ます。

《参考タイム》 鴨志田郵便局前→(25分)→あじさいの小径→(10分)→寺家川→(10分)→寺家町→(5分)→居谷戸池→(10分)→新池→(10分)→むじな池→(10分)→熊の池入口→(5分)→鴨志田公園→(10分)→鴨志田郵便局前 [歩行合計1時間35分]

①「団地中央」バス停
②鴨志田郵便局
③山田谷橋
④鴨志田緑小学校
⑤里山風景の道
⑥「あじさいの小径」
⑦白いビルの工場
⑧鴨志田中学校
⑨寺家ふるさと村四季の家
⑩谷戸名を記した道標

N

バス停
駐車場
WC トイレ

＊『地理院地図』レベル 16 をベースに使用

コースガイド②

さいたま緑の森博物館（埼玉県、最高標高176m）

――武蔵野の雑木林と湿地をめぐる

狭山丘陵の北西部にある「さいたま緑の森博物館」は、雑木林などの自然そのものを展示物と見立てた自然博物館です。

東側にある案内所で地図とリーフレットがもらえます。

西武バス（小手指駅南口〜宮寺西線）萩原バス停で下車し、緑の森博物館の案内板がある所から細い道に入ります。堰《せき》に突き当たったら右折し、すぐ左手にあるお墓のへりの踏み跡を回って行きます。宮寺館跡の説明板があり、その先で車道に合流して右折します。道なりに10分ほど歩くと森の中の歩道に変わり、すぐ案内所前に着きます。

案内所前を右へ少し下りた広場から、山道に入って階段を登ると展望広場に出ます。右側に展望が開けて、左側には見事な雑木林があります。

突き当たって左折し、その雑木林に入っていきます。しばらくは平坦な山道で、左に大谷戸湿地への道を分けると少し急になります。

大谷戸湿地に沿った雑木林のきれいな歩道

トイレと駐車場のある博物館案内所

コースタイム	ルート距離	登り標高差	下り標高差	ルート定数
2.8時間	6.0km	200m	200m	9.0

登り切って右に少し行くと、あずま屋のある雑木林広場です。あずま屋から奥に深い雑木林が広がっています。

三角点は手前の目立たない場所にあります。

広場前の道を直進すると、左側に庚申塔《こうしんとう》があります。切通しのように掘れた道を下っていくと、区域外に出て車道になり、奥多摩や奥武蔵の山々がよく見えます。

出雲祝神社と西久保観音に立ち寄ってから、西久保湿地の入口にある駐車場に来ます。ここは博物館の西側の入口で、雑木林を背景に茶畑や稲田が広がっています。

谷戸地形に入ると小さな田んぼがあり、その上流に西久保湿地があります。ここにはヌマトラノオの群落があるそうです。

湿地の途中の小橋を渡り、山に入って斜面を登ると三差路に出ます。左にわずかに行くと疎林広場と、区域外に都稲荷神社があります。

三差路を右折して雑木林広場に戻り、展望広場への途中で右折します。大谷戸湿地へ下りると、夏には何種類かのトンボが飛んでいます。湿地の対岸の道は、背の高い雑木林が立派で、とても雰囲気のいい道です。

案内所からは、大日如来へ登って、外周道路の手前から八幡湿地へ下ります。この湿地

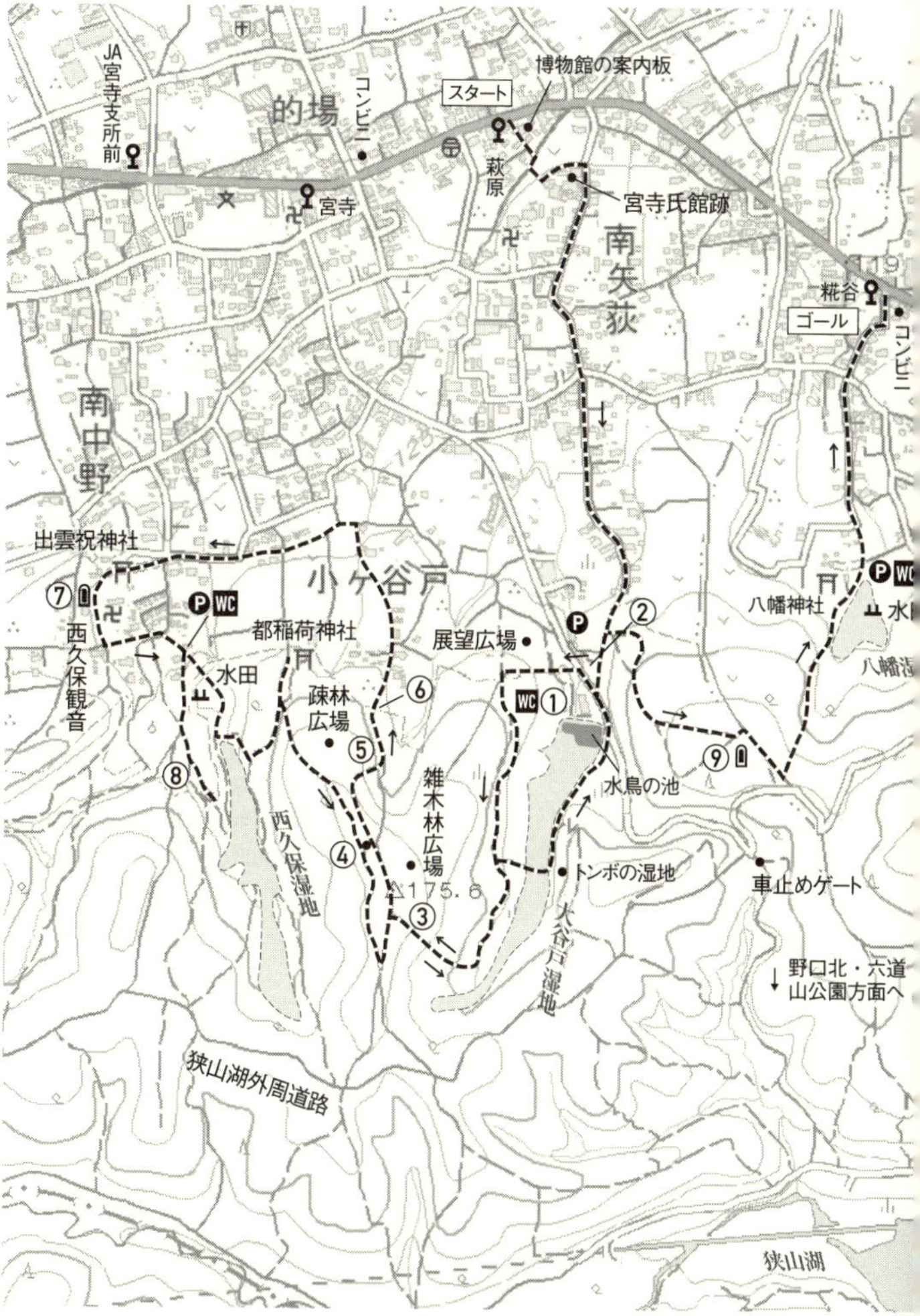

① 博物館案内所
② 駐車場近くの湿性園
③ 雑木林広場の三角点
④ 庚申塔
⑤ 切通し状の道
⑥ ここで区域の外に出る
⑦ 狭山茶場の碑
⑧ 茶畑と雑木林の眺め
⑨ 大日様（大日如来）

N

バス停
駐車場
WC トイレ
石碑・像

＊『地理院地図』レベル16を使用

周辺も雑木林のきれいな所です。

八幡神社から10分ほどで糀谷《こうじや》バス停へ出ます。

《参考タイム》　萩原バス停↓（20分）↓博物館案内所↓（35分）↓雑木林広場↓（25分）↓出雲祝神社↓（10分）↓西久保湿地↓（25分）↓雑木林広場↓（20分）↓博物館案内所↓（15分）↓大日如来↓（10分）↓八幡湿地↓（10分）↓糀谷バス停　［歩行合計２時間50分］

3章

ハイキングで「歩き方の基本」をマスター

楽しみながら歩くことが大切

ウォーキングは、健康やメタボ対策のために、「歩く」運動自体を目的にしているところがありました。山歩きはそうではなく、山の自然に会いに行き、気持ちのよい空気を吸って、爽快な気分になりたくて行くのです。歩くことよりも、楽しむことが目的です。そして、これまで説明してきたウォーキングやトレーニングの予備知識も、安全な山歩きのために役立てることができます。

ハイキングは、初心者でも無理なく始められるレベルの山歩きです。

日本では、軽い山歩きをハイキングといっています（アメリカでは少し違う意味もあります(注)）。「軽い」の意味は、標高差と所要時間をめやすにするとわかりやすいです。

①登る部分の累積標高差が500mぐらいまで

②ルート全体の所要時間が3〜4時間

これは私が仮に設定したもので、明確な基準はありません。ベテラン登山者の方で、本格的な登山ルートでもハイキングという人がいます。たとえば「八ヶ岳ハイキング」、「谷川岳ハイキング」のように。ご本人にとってかんたんなルートだからハイキングというのでしょうが、一般市民や初級者が聞くと混乱してしまうでしょう。

話がそれましたが、ハイキングは長時間の運動なので、運動量は大きいです。

山歩きで所要時間に一番影響するのは標高差です。初級者が軽い荷物量（4kg程度）で普通に登るペースは、1時間当たり300mぐらいです。このときの運動強度は6メッツですから、3時間のルートを歩くと、6×3＝18メッツ・時になります。

少しペースを落として、1時間当たり250mで登ると、運動強度が下がって5メッツです。このときの運動量は、5×3＝15メッツ・時になります。

このように、週に1日ハイキングをすると、平日の運動をとくにやらなくても、十分な運動量を確保できます。つまり、ハイキング自体をトレーニングとして、本格的登山にも耐えられる強い体をつくっていけるのです。

いろいろなハイキングのルートを楽しみながら歩いて、体が強くなっていき、さらに遠く高い山へも挑戦できるようになります。何とすばらしいことでしょうか。

（注）アメリカでは長期間にわたる徒歩旅行《トレッキング》も含めて〝hiking〟といっています。

坂道、自然の道、社寺・遺跡を歩く

ハイキングは、山（おもに低山）を登り下りするほかにも、いろいろなタイプのコースを歩くことができます。山歩きだけに限定されない自由な点も魅力の一つです。

低山を歩く 都市部の周辺にいろいろな山があります。眺めのよい山、森林に包まれた山、頂上にお城があった山、海を見渡す山、別の大きな山々の展望台など。山道が縦横に開かれていて、たくさんのハイキングコースがあります。

高原を歩く 牧草地になっている草原や、昔の草取り場だった草原など。アクセスがよく、コースの近くまで交通機関で入れることが多いです。

池や湿原を歩く 静寂に包まれ、独特なムードのある風景が広がります。いろいろな種類の花が咲き、鳥のさえずりが聞かれます。

海岸を歩く 海岸に沿って遊歩道や徒歩道が通じています。岩浜では岩壁のへりを登り下りするなど、危険な場合もありますので要注意です。

霧ヶ峰高原（長野県）のハイキング

高山へ登る　高山でも、山頂の近くまで車道やロープウェイで上がれる場合は、登山というよりハイキングに近いです。

たとえば、北アルプスの乗鞍岳《のりくらだけ》は標高3026mですが、約1時間30分で最高点の剣ヶ峰を往復できます（急な岩道なので要注意です）。

社寺・遺跡をめぐる　山寺や神社の周辺には、山歩きのコースが通っていることが多いです。古い時代をしのびながら、お寺、神社、遺跡などの点在する土地をハイキングするのも楽しいです。

古道を歩く　昔の道が文化遺産として保存されていることがあります。熊野古道などはとくに有名です。このような道を歩くのも味わい深いハイキングになります。

【ハイキングの計画①】

初めは標高差500m以内、3～4時間までのコースから

ハイキングコースの情報は、雑誌、書籍などのコースガイドか、ハイキングの地図、パンフレット、またはインターネットに出ているものから探すことになります。

インターネットの情報は、さまざまなレベルのものがあるので注意してください。自治体や観光協会などのオフィシャルなものは信頼性が高いです。個人のブログのように、主観的に書かれたものは、情報として参考にならないことも多いです。

また、いろいろなコースがまとめて載っているものでないと、行きたいコースを選び出すことはできません。その点でも、きれいな写真と地図がついて、見やすく編集されたガイドブックが、初級者には使いやすいのではと思います。

行ってみたいコースを決めるときには、次の2点を確認してください。

①登り部分をすべて合計した累積標高差が500m以内

②標準所要時間（コースタイム）が合計3～4時間

高低図、コース概要、所要時間が書かれたコースガイド例（部分）

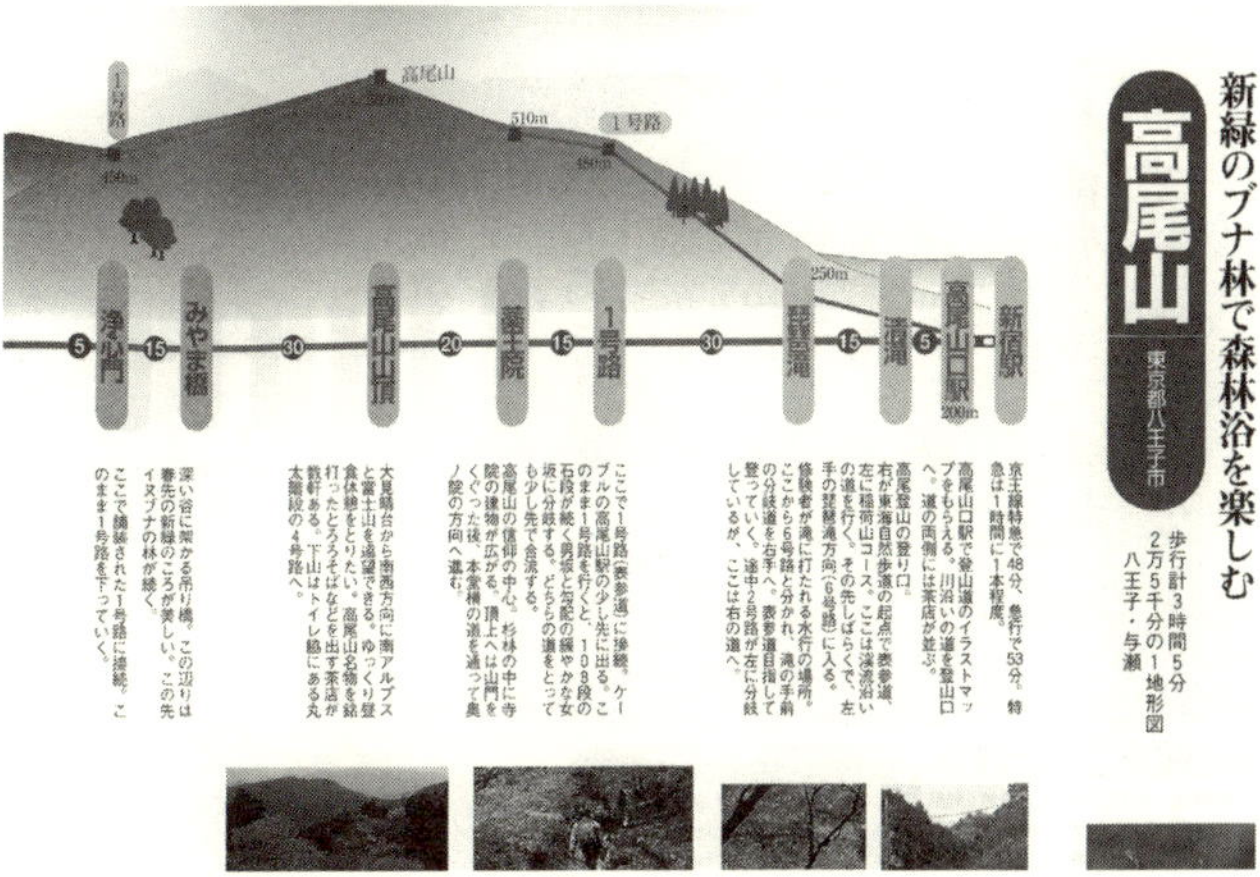

この条件に当てはまるコースなら、ハイキング初心者でも安全に楽しく歩けるものと、この本では考えています。

例として、高尾山のハイキングコースを考えてみましょう。

上のガイドでは、高尾山の琵琶滝から表参道（1号路）へ登り、薬王院、高尾山頂上へ登って、帰りは自然林のきれいな4号路を歩いています。タイトルの下に、コースタイムが「3時間5分」と書かれています。標高差は高低図を見て約420mとわかります。

このコースは、初心者のハイキングに向いていると判断できます。また、このガイドは必要なデータがわかるように書かれていて、使いやすいよいガイドだと思います。

【ハイキングの計画②】

行くために必要な情報を調べよう

コースが決まったら、実際に行くために必要な情報を調べます。なお、区間ごとのコースタイムと累積標高差は、コースを選択した時点でわかっています。

①交通アクセス

歩き始める地点までの交通手段を調べます。バスは時刻・運賃、タクシーは所要時間・運賃・連絡先、マイカーはどこまで入れるかと、駐車場所を調べる必要があります。

②現地情報

自治体や観光協会などのウェブサイトで調べられることが多くなりました。ほかには、登山・ハイキングのSNS、ハイキング記録が書かれたブログが役立つ場合があります。

③コース上の注意点（危険箇所など）

とても重要ですが、ハイキングではあってほしくない情報でもあります。現地情報を調べるときに、いっしょにチェックしておきましょう。

④地図を入手する

インターネットでコース図を入手できることがあります。ハイキング地図が刊行されていることもあります。国土地理院の地形図は、初心者には使いづらいと思います。しかし、とにかく地図を持って歩くことが大切です。

⑤お楽しみ情報

近くの名所、観光スポット、販売所、立ち寄り温泉、食事処などもチェック。時間にゆとりが持てるハイキングだからこそ、いろいろと楽しみたいものです。

最後に、行動予定を立てて、下のようなメモを書きます。

・歩き始めの時刻を決める。

・コースタイムを0・5倍した時間を加算していき、各ポイントの通過時刻を決めてゆく。

・途中で長い休憩をする場合は、その時間も加える。

このメモを、自宅に置いてゆくと安心です。

9月23日（日）高尾山ハイキング

9:00		9:30		10:40	
高尾山口駅	（20分）	琵琶滝	（45分）	薬王院	（20分）
11:10～12:00		13:10		14:30	
高尾山山頂	（45分）	浄心門	（55分）	高尾山口駅	

「標高差とコースタイム」で難易度（グレード）がわかる

標高差とコースタイムは、歩く運動量を示しています。それは、そのコースの体力面からみた難易度と対応しています。

難易度を、私たちは「グレード」というほうが多いです。グレードは、たとえば左ページの表のように示されます。これは、本書での解説のために、私が考えたものです。実際のグレードのつけ方は、ガイドブックの著者や編集方針によって、いろいろな形式と内容になっています。統一性のないバラバラな状況です。

「入門」は、これまで説明してきた、ハイキングのグレードです。

「初級」からは登山ルートのグレードで、体力度がぐっと高くなります。初級の上位では、本格的な登山ルートが登れるレベルになります。

「中級」は、標準からやや健脚者までのレベルになります。

「上級」は、標高差・コースタイムが大きくて、日帰りが難しいレベルになります。

コースタイム・標高差からみた体力グレードの例

グレード	コースタイム	標高差
☆(入門)	3〜4時間	300〜500m
★(初級)	4〜6時間	500〜800m
★★(中級)	6〜10時間	800m〜1200m
★★★(上級)	10時間超	1200m以上

グレードの説明は難しく感じるかもしれませんが、初心者でも自分の力でハイキングに行くためには、グレードの意味を理解しておく必要があります。

グレードの見方の例をあげましょう。高尾山の隣に、城山という低山があります。高尾山から城山へ向かうコースは奥高尾と呼ばれ、春にはサクラのきれいな所です。

前のページで取り上げた高尾山のコースを、城山まで足を延ばして、相模湖駅へ下山するものにしたらどうでしょうか？　コースタイムは3時間30分。多くのガイドブックでは「初心者向き」のグレードになっています。

しかし、このコースは累積標高差が約780mなので、体力度は一つ上のランクになります。初めての人がこのコースを選んだら、けっこうキツイかもしれません。

このように、同じ「初心者向き」でも、データをきちんと見ると、内容を正確に理解できるようになります。

レインウェア、ヘッドランプは使わなくても持っていく

ハイキング用具のうち、購入してほしいものは、ハイキングシューズ（これは別に説明）とレインウェアです。バックパック（ザック）は、里山ウォーキングで使った、レジャー用のもので間に合わせてもいいでしょう。

レインウェア

山歩きでは、天気予報が晴れでも、かならずレインウェアを持っていきます。しかも、ジャケットとパンツに分かれたレインスーツ型のものが必要です。その理由は、山は天気が変わりやすく、平地が晴れても山沿いは悪天候（風雨）になることがあるからです。山で暴風雨になったら、ほとんどの人は耐えられません。衣類が濡れて体温が奪われ、低体温症になって死亡する事故が、実際に何度も起こっています。

登山用のレインウェアは3万〜4万円もします。高価なのはゴアテックスなどの特別な防水素材を使っているからですが、ゴアテックス以外の防水素材を使った1万円前後の廉価タイプもあります。ハイキング専用として、こちらを使ってもいいでしょう。

休憩時などに食べる行動食の例

バックパックへの荷物の収納(パッキング)

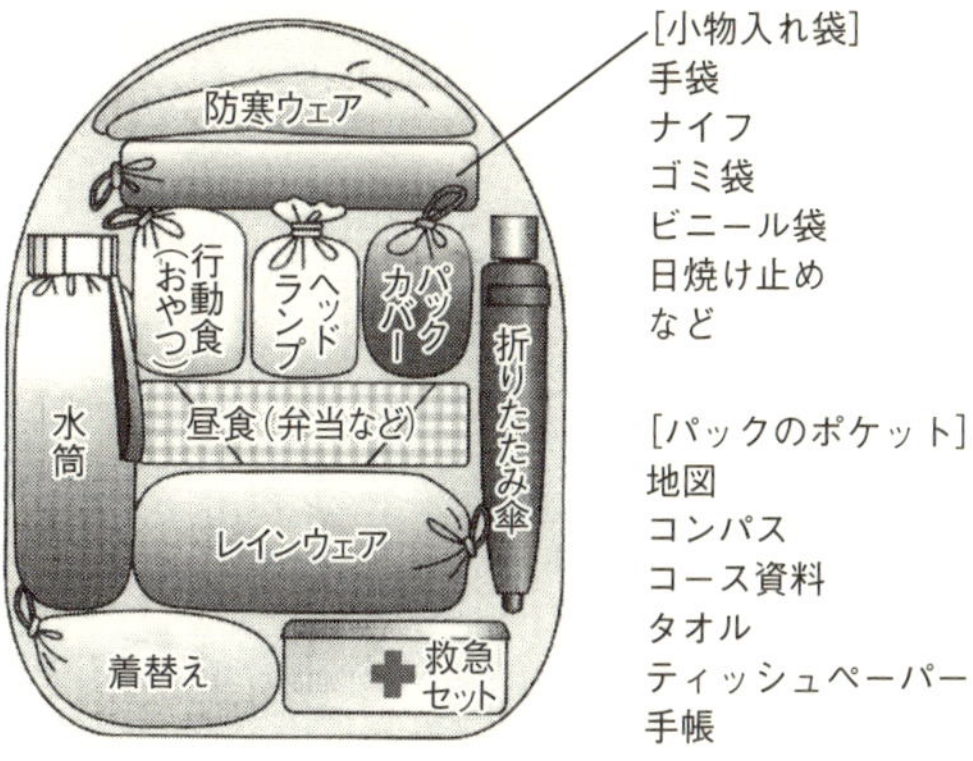

一番下には行動中に使わないもの、中間部にはたまにしか使わないもの、上部にすばやく取り出す必要のあるもの、ポケットには何度も出し入れするものを入れる

水筒　1ℓのウォーターボトルが必要です。ハードなものと、中身が空のときにたためる袋状のタイプがあります。暑い季節や、体重が重い人は、1ℓでは足りないことがあります。ペットボトルの飲料を1本追加するなど調整しましょう。

ヘッドランプ　レインウェア同様、万一のときに重要な装備です。山で日が暮れてしまったら、明かりがなければ身動きできません。頭に装着するヘッドランプは本格的登山まで使えます。ハイキングでは手に持つ懐中電灯（マグライトなど）でもいいでしょう。

地図とコンパス　市販の登山地図、ハイキング地図、ガイドブックやインターネットから入手した地図・コース図などを用意します。登山で使うコンパスは透明なプレート付きのものが主流ですが、方位がわかる簡単なものでもかまいません。スマートフォンや時計で方位がわかるものもあります。

ファーストエイドキット（救急セット）　バンソウコウなど傷の手当てをする救急用具、テーピングテープ、痛み止め、胃腸薬など、最低限必要なものを用意します。同じパックに、小型のハサミとナイフも入れておくといいです。

食料　お昼の弁当、パンなどと、少量のお菓子類を持ちます。お菓子は休憩のときに食べるか、歩きながら少しずつ食べます。このような食料を「行動食」といっています。

ハイキング用具リスト

ウェア	
○	半袖シャツ
○	長袖シャツ
○	パンツ
・	防寒着
○	レインウェア
○	靴下
・	帽子
・	手袋
・	着替え（下着・靴下）
一般用具	
○	ハイキングシューズ
・	トレッキングポール
○	バックパック
・	パックカバー
・	折りたたみ傘
○	水筒（1ℓ～）
・	保温ポット
○	ヘッドランプ
○	予備電池
○	ナイフ
○	地図・コンパス
・	コース資料
○	タオル（ハンカチ）
○	ティッシュペーパー
○	ゴミ袋
○	ビニール袋
○	時計
・	カメラ
○	携帯電話
○	手帳・筆記具
・	日焼け止め
・	防虫薬
非常用具	
○	健康保険証
○	身分証明書
○	救急セット
・	ストーブ・燃料
○	ライター
・	小型クッカー

○は必携の用具、その他は必要に応じて持参する用具

ハイキングに向いた山歩き用シューズ

雪のない時期の山歩き用シューズは、形のうえから3種類に分けられます。靴底以外の上の部分をアッパーといいますが、アッパーの素材と靴底からの高さで見分けます。

運動靴のように、アッパーがくるぶしの下までのものは、ローカットシューズです。平地のウォーキングやトレイルランニングなどで使われます。

アッパーがくるぶしのすぐ上までのものは、ミドルカットシューズです。このタイプがハイキングに一番向いています。足首を包んで保護し、ほどほどの固定性もあります。靴全体が柔軟なので、初級者でも楽に歩くことができます。

アッパーがくるぶしの数センチ上までおおって、足首をしっかり固定・保護する靴は、ハイカットシューズです。これには2種類あります。

アッパーの素材が化繊主体で、全体的に柔軟なつくりのものは、ライトトレッキングシューズなどと呼ばれます。ハイキングから一般的な山歩き用です。アッパーの素材が総革

トレッキングシューズの種類

〈ハイカット〉

ハードタイプと
ソフトタイプがある。
ソフトタイプは
ハイキング向き

〈ミドルカット〉

ハイキングに向いた
シューズ。
初級の山歩き（登山）
にも使える

〈ローカット〉

ウォーキングや
里山歩き向き。
上級者は山歩きにも
使う

製または革・化繊《かせん》ミックスで、硬めでしっかりしたつくりのものは、オーソドックスなトレッキングシューズです。ハイキングよりも、普通の山歩き、登山に向いています。

◎シューズの試しばきとフィッティング

購入するときに、一番重要なことは、自分の足に合っていることです。

店頭で靴を手に取ったら、まずインソールを抜き出して、自分の足裏と合わせてみます。ここで親指や小指がはみ出したり、足幅が大きすぎたりしたら、その靴は合いません。

インソールが合格なら試しばきをします。このとき、実際にはくときと同じ靴下をします。靴下を持参するか、靴といっしょに購入するのもいいでしょう。

①靴ひもを全部ゆるめて足を入れます。つま先のほうへ足をいっぱいに入れて、かかとに指一本を押し込める余裕があることを確認します。

②かかと側へ足を戻してぴったりと合わせ、靴ひもを前のほうからしっかり締めます。

③上まで締めて結びます。（実際には、登りではゆるめに、下りではきつく締めます）

④しばらく歩いてみて、フィット感覚と、当たる所やずれる部分がないか確認します。何足も試しばきをしてみて、お気に入りの一足を見つけましょう。

シューズのはき方

かかとを
ぴったりつける

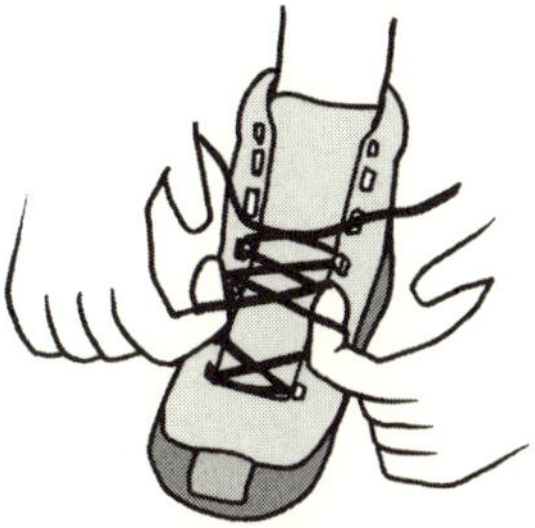

靴ひもを
前のほうから
きちんと締める

足首のフックで
締めつけを
固定できる

下りはきつく
締め上げる

登りはゆったりと
締めて足首が動く
ように

斜面の登りと下りの歩き方

山の歩き方は、平地のウォーキングとはかなり違っています。初心者が山歩きをするとすぐにバテるのは、平地を歩くのと同じ感覚で山を歩こうとするからです。

次に説明する歩き方を試してみて、バテにくい歩き方を身につけてください。

◎斜面の登り方

かなり遅いペースにして、一歩一歩ていねいに体重をかけながら登ります。ソール（靴底）はつねに斜面にフラット（ぴったりつける）に置きます。

①狭い間隔で前脚を踏み出します。
②ソールをフラットに置き、腰を前に押し出しながら、前脚の上に重心移動します。
③頭―背中―腰―足の体軸をまっすぐに意識しながら、前脚に加重します。

これが一歩の動きです。

斜面の登り

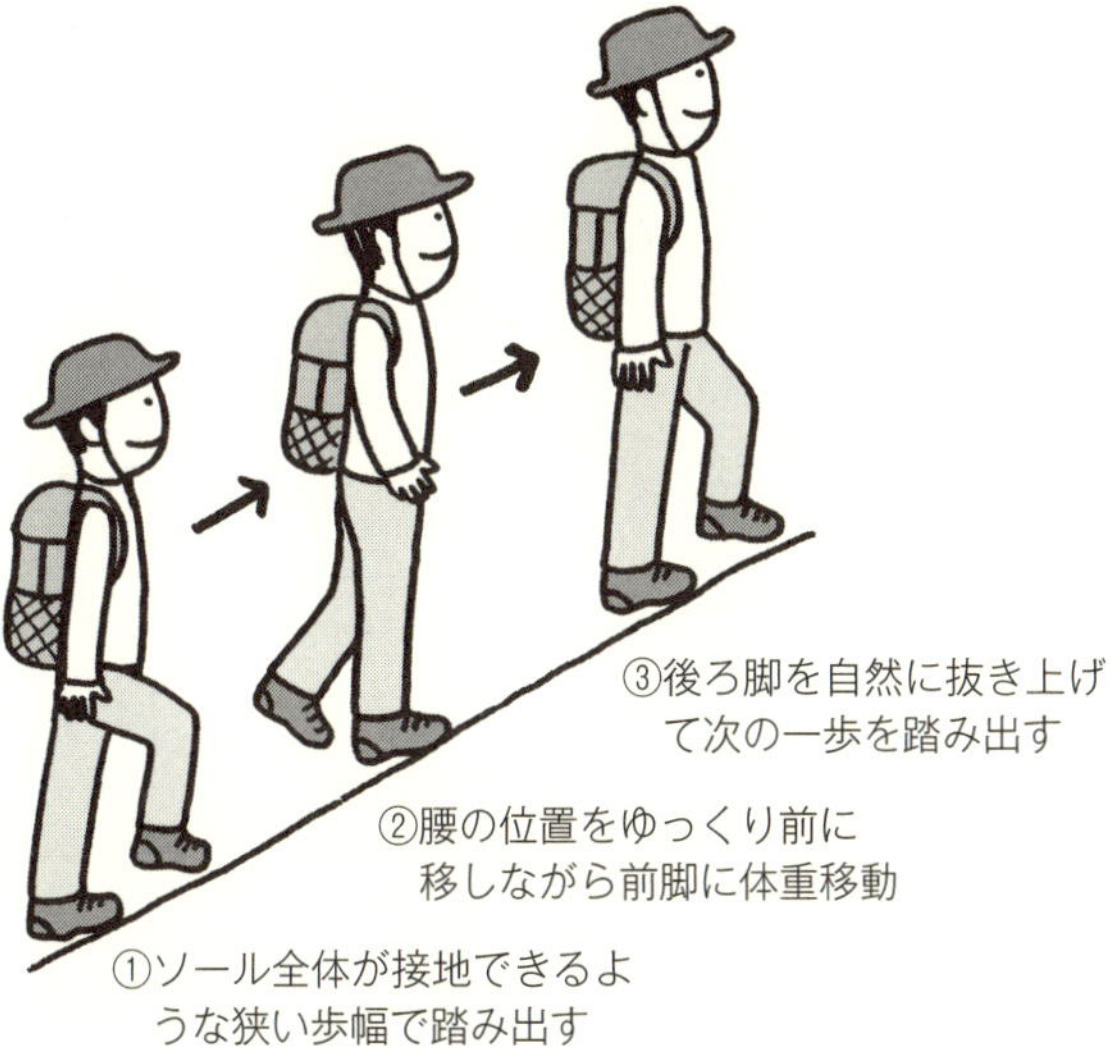
③後ろ脚を自然に抜き上げて次の一歩を踏み出す
②腰の位置をゆっくり前に移しながら前脚に体重移動
①ソール全体が接地できるような狭い歩幅で踏み出す

斜面の下り

①前脚を狭い歩幅で踏み出す
②前脚が着地する前に腰から重心移動する
③着地とほぼ同時に前脚に加重する

歩幅の大きさは傾斜によって変わりますが、ソールをフラットに置ける歩幅で踏み出します。個人差もありますが、傾斜10度の緩やかな斜面でも、靴の長さより短いくらい（3分の2ほど）、傾斜20度なら靴の長さの半分ぐらいでもいいでしょう。

つま先は原則として前に向けますが、傾斜が急になってきたらつま先をV字に開いて、ソールをフラットに置くことを優先させます。

◎斜面の下り方

下りの動作は、踏み出した前脚が着地するのとほぼ同時に体重移動する感じになって、脚の筋肉（太もも、太ももの裏側）に瞬間的に大きな力がかかります。登りよりもリズムが速くなりがちですが、ゆっくりと正しいフォームで下ることが大切です。

①前脚を狭い間隔で踏み出します。
②前脚側の腰を前に出してバランスを取り、重心を移動させます。
③着地と同時に、頭―背中―腰―足の体軸を意識しながら、足裏全体に加重します。

このように頭から足までの体軸をまっすぐにして加重すると、脚の筋肉にかかる衝撃を分散させることができて、膝や腰の負担を少なくすることにつながります。

【山歩きの歩行技術②】

階段の登りと下りの歩き方

山道には、階段を登り下りする所がよく出てきます。

登山道に丸太などの資材を使って階段が組まれていることがよくあります。これは、山道の整備と同時に、雨水や踏み付けによって道が崩れるのを防いでいるものです。

また、階段ではないですが、登山道の中にソールを平らに置ける足場を見つけながら、階段と同じような動作で登り下りすることもあります。

工事で作られた階段の問題点は、間隔が広すぎることです。1段1歩だと広すぎますし、1段2歩だとやや狭く、しかも同じ側の足で登り続けることになります。

ともかく、階段でも基本のフォームを崩さずに、狭い歩幅、ゆっくりとしたペース、まっすぐな体軸を意識した加重、などを守って登り下りします。

また、段の上に乗せた前脚はつま先を前に向け、膝を左右にぶれさせずに、まっすぐに加重します。つま先をV字に開く必要はありません。

階段の登り

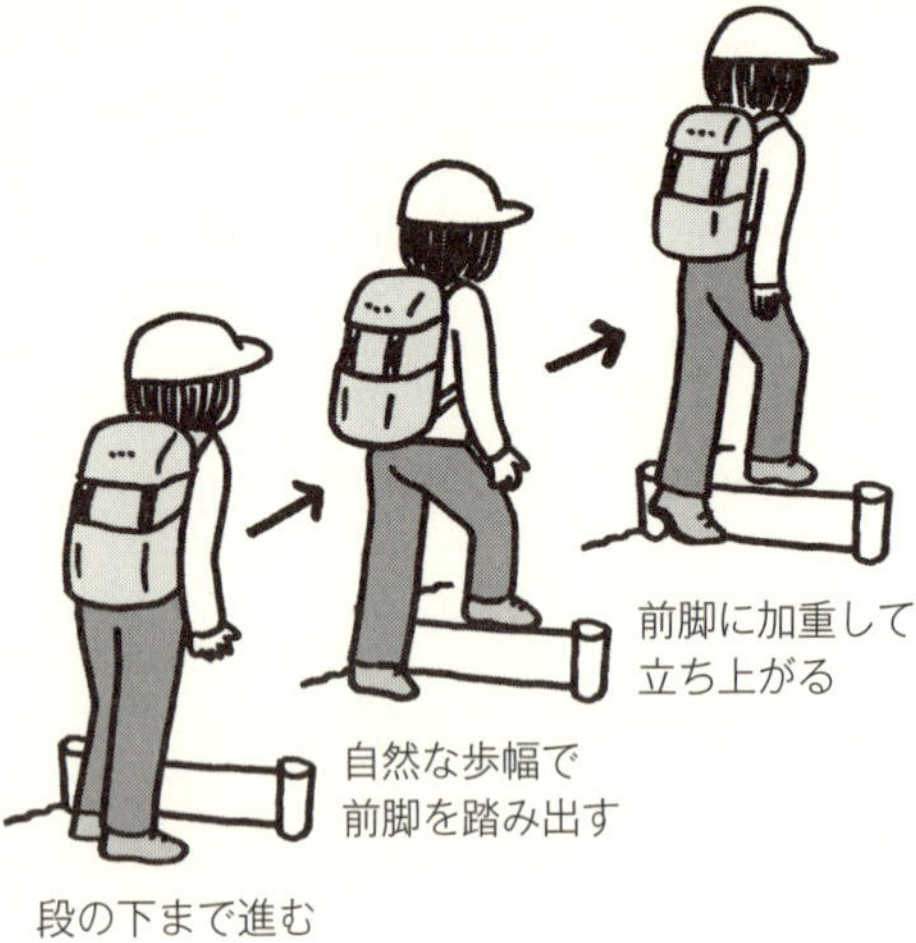
段の下まで進む
自然な歩幅で
前脚を踏み出す
前脚に加重して
立ち上がる

階段の下り

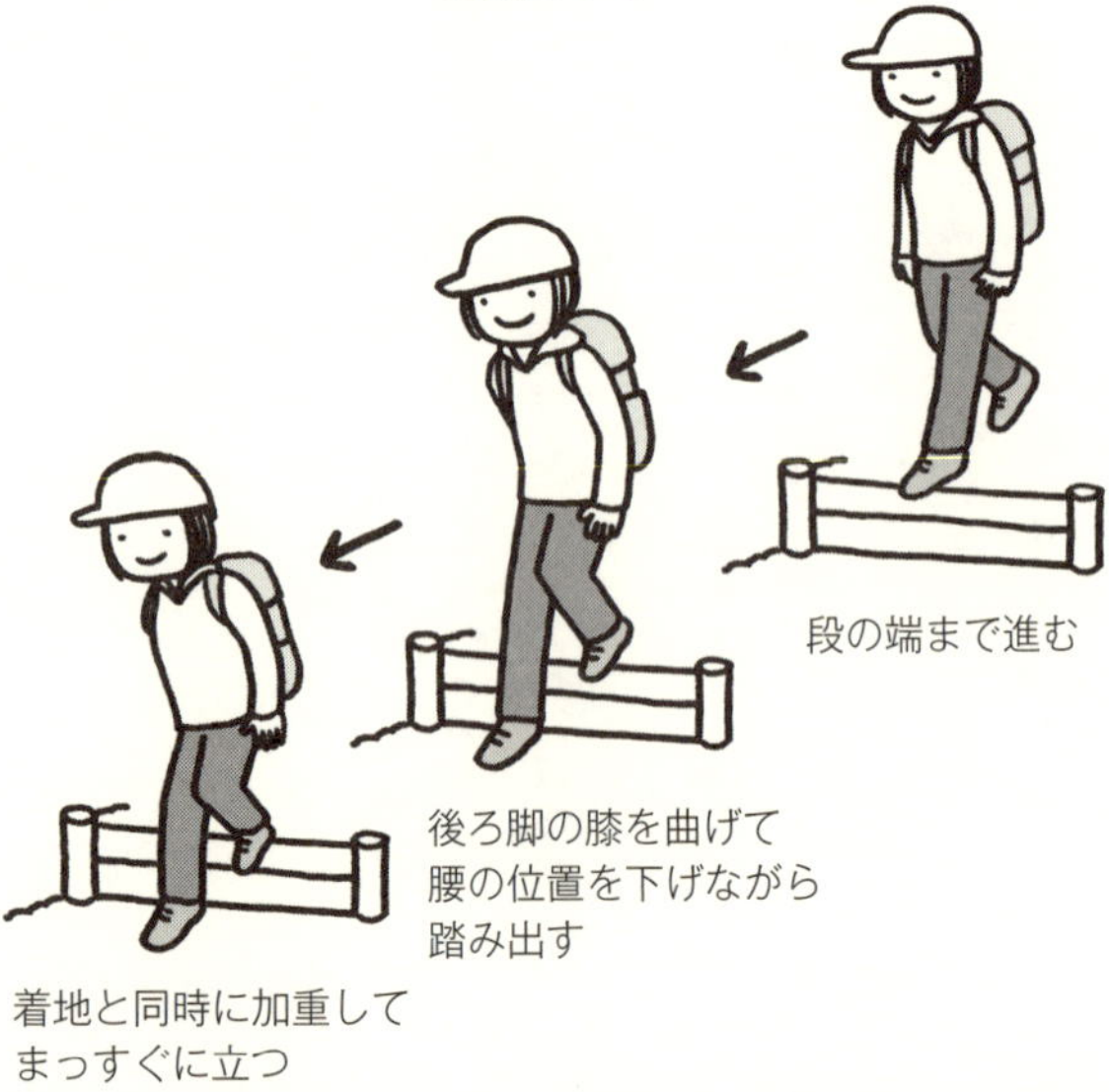
段の端まで進む
後ろ脚の膝を曲げて
腰の位置を下げながら
踏み出す
着地と同時に加重して
まっすぐに立つ

段差が大きい場合

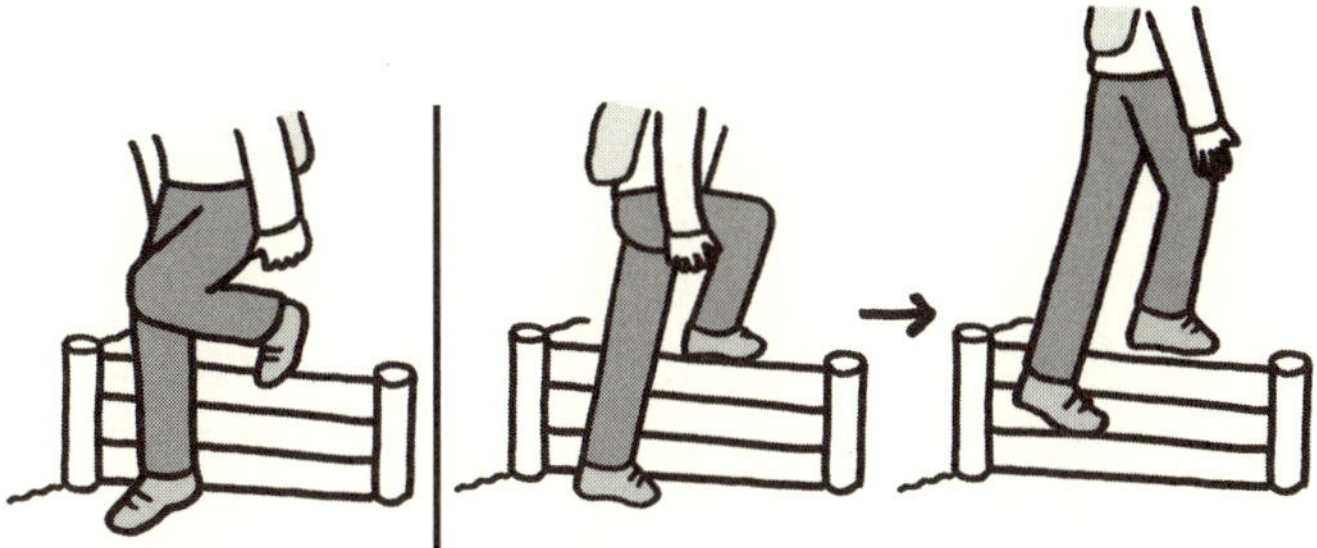

後ろ脚の膝を曲げて、できるだけ低い構えを作って下る

前脚を段の上に乗せ、腰を前に入れて重心移動する

前脚に加重して立ち上がる

階段の下の土がえぐれて、段差が大きくなっていることもよくあります。

どうにか上がれる高さなら、段の上に前脚を乗せ、膝を曲げて腰をぐっと前に入れ、少しはずみをつけて立ち上がる方法があります。しかし、これは疲れるやり方なので、何段も続けることはできません。階段の左右に岩などの中間ステップを見つけるか、階段を通らずに迂回《うかい》することもできます。

大きい段差を下る場合は、段の上でしゃがみ込んでから前脚を出すか、完全に腰を下ろしてしまう方法もあります。

イレギュラーな場面に出くわしても、強引に突破しようとせず、一つずつ工夫して対応していくことです。

【山歩きの歩行技術③】

山道にはいろいろな危険がある

山道ではいろいろな状況に出会います。なかには、ケガや故障につながるものもあります。ハイキングとはいえ、100パーセント安全が保障されているのではありません。注意点・アドバイスをいくつかあげておきますので、参考にしてください。

①呼吸が乱れないペースで

30分以上歩き続けられるスローペースで歩きます。「ちょっと遅すぎるのでは？」と思うぐらいで、ちょうどよい場合が多いです。深くはっきりと呼吸して、呼吸が乱れないように意識していると、オーバーペースになるのを防ぐことができます。

②平坦な足場を選んで

傾斜のゆるい場所のほうが、足首やふくらはぎに負担がかからず、前脚への体重移動が楽にできます。傾斜のゆるい面を、できれば平らな面を選んで登って（下って）行くと、効率のよい歩き方ができます。

③フリクションを見分けながら

ソールの摩擦（フリクション）がきく場所を見分けながら歩きます。湿った土や泥の斜面、濡れた岩面は滑ります。木の根や倒木もよく滑ります。転倒・滑落する危険がありますので、原則として木は踏まない、乗らないようにします。

④手でしがみつかない

何かにつかまって通過する場合は、それに力いっぱいしがみつかないようにします。たとえば、木の枝、岩のへり、ハシゴなどの手すり、岩場に設置された鎖など。力いっぱいにしがみつくと、注意力が足元からそちらに移ってしまい、足元がスリップする危険が高くなってしまいます。つかまるときは、体重移動の補助（体を引き寄せる）として使い、足元から注意をそらさないように。

⑤危険箇所では安全を最優先

ハイキングコースでは少ないはずですが、岩場、鎖、ハシゴ、砂礫《され き》混じりのガラガラ道、橋（丸木橋、平板橋、吊橋）、桟道《さんどう》（岩壁などに架けた棚のような道）などが危険箇所になります。危険箇所では、時間のことは考えずに、安全確実に通過することを優先します。ハシゴ、橋、桟道は、1人ずつ通過します。詳しくは、後の章で解説します。

気持ちよく山歩きをするためのマナー

いろいろな人がハイキングを楽しんでいるとき、お互いに楽しみを阻害しないために守るべきマナーがあります。その多くは、自然を傷つけないためのものです。

●ゴミは捨てずに持ち帰る

普通のゴミはもちろんですが、生ゴミ（果物の皮など）も捨てずに持ち帰りましょう。食品の残り汁は紙にしみ込ませて持ち帰るのが理想ですが、それができない場合、沢に流すなどはNGで、土にしみ込ませるのがいいです。

●人のいる場所は禁煙、山火事も注意

山の頂上のように人が集まる場所では、受動喫煙の被害があるので、禁煙が常識になりました。それとは別に、枯れ葉の上、乾燥した草原などは引火しやすいので、山火事を起こさないよう細心の注意が必要です。

●トイレはできるだけしない。「紙」は持ち帰る

トイレの施設は少ないので、その場所をチェックしておいて、できるだけトイレで用を足すのが基本です。トイレ以外で「大」をする場合、専用パックで便ごと持ち帰るか、土中15㎝ぐらいの深さに埋めます。「大」「小」にかかわらず紙はすべて持ち帰ります。

●道を外れて歩かない

一度、道でない場所が歩かれると、続いてそこを歩く人が次々に現れて、その結果、踏み荒らしが広がってしまいます。そのようにして荒廃した山がたくさんあります。多少の歩きにくさはがまんして、できるだけ道形《みちなり》のとおりに歩きましょう。

●植物を採らない

高山植物などは採取禁止です。それ以外でも基本的に採らないようにしましょう。

●動物にエサを与えない

登山者やハイカーによる餌付けのために、シカ、サル、イノシシが増えて問題になっている場所があります。野生動物へのエサやりは絶対にしてはいけません。

●山では気持ちよくあいさつを

見知らぬ人たちが、山に来ると笑顔で「こんにちは」、「おはようございます」とあいさつしています。言葉をかけられたら、ハッキリした声でお返しをしましょう。

ハイキング後は反省をして記録を残す

ハイキングから帰ったら、記憶の鮮明なうちに記録を整理しましょう。よく撮れた写真を選んでＳＮＳにアップ、「行ってきたよ！」と公開するのは楽しいものです。その中で、自分の体についての記録も書き出して、視覚化しておきたいものです。いくつかの簡単な作業によって、山歩きを続けていくための課題がわかります。

左の高尾山ハイキングの例は、エネルギー消費量を［体重70kg×行動時間4時間×5］で計算しました。「5」は、登り・下り・休憩を平均した山歩きのメッツを表しています。琵琶滝から1号路への急登で息が切れたことや、下りで膝痛、帰宅後に筋肉痛が出たことが課題となっています。

ハイキングを続けていくと、悪天候になったり、道に迷ったりするかもしれません。そうすると、また別の反省点が記録されるでしょう。一つひとつが形として残っていくことがとても大切です。反省点を生かしながら、次のハイキングを計画してください。

高尾山　2018年9月23日(日)			
データ	コースタイム	3時間5分	
	実際の歩行時間	3時間30分	
	水平距離	8.1km	
	累積標高差（登り）	420m	
	累積標高差（下り）	420m	
	登高時メッツ	6メッツ	
	ザックの重さ	5kg	
	エネルギー消費量※	1400kcal	
当日の行程（着／発）	高尾山口駅	(8:46)	9:00
	琵琶滝	9:20	9:30
	1号路	10:05	—
	薬王院	10:20	10:50
	高尾山山頂	11:15	11:45
	（4号路経由）浄心門	12:30	12:40
	金毘羅台	13:10	13:25
	高尾山口駅	14:05	
体の状態	・1号路への登りで息が切れた ・金毘羅神社からの下りで軽い膝の痛みあり ・帰宅後、筋肉痛が出た（両太もも、ふくらはぎ）		
反省点	・心肺能力が弱い ・脚筋力のトレーニングが必要 ・分岐が多く、道も複雑でわかりにくい（特に4号路）		

※エネルギー消費量の推定式（山本、2012）
行動中のエネルギー消費量(kcal)＝体重(kg)×行動時間(h)×5
(行動時間は1時間につき10分程度の休憩を含む前提で計算するため、実際の歩行時間に1時間当たり10分をプラスする)

コースガイド③

琵琶滝コースから高尾山（東京都、599m）

――行きと帰りで変化をつけたコース

首都圏の定番エリアである高尾山。ケーブルカーやリフトを利用した行楽客でにぎわいますが、片道分だけでも自分の足で歩けば、変化のあるハイキングコースになります。ここでは、行きと帰りで別のコースを歩きます。

京王線高尾山口駅から登山口の清滝へ歩き、ケーブル駅手前から左の渓谷沿いの道へ行きます。病院の建物の見える所から左の山道（6号路）へ入ります。右手から突き出した尾根を回り込むと水行道場の建物が見え、その前に高さ8mほどの琵琶滝が水を落としています。白装束の人が用意していることもあります。

6号路と分かれて滝の前を対岸に渡り、斜面を登り始めます。30分ほど、けっこう急な登りになります。息が乱れないように、スローペースで登りましょう。

ケーブル駅の少し上で1号路（表参道）に合流すると、急に人が多くなります。タコ杉、浄心門をすぎると、男坂・女坂が分かれます（先で合流しています）。男坂は108段の

４号路と、いろは坂コースの合流点付近

高尾山山頂の大見晴台。丹沢の山々が見える

コースタイム	ルート距離	登り標高差	下り標高差	ルート定数
3.1時間	8.1km	420m	420m	12.5

石段を登ります。見事な杉林の中に薬王院の建物が広がっていて、山門、仁王門をくぐると、本堂があります。山頂方面は本堂の左手へ行って石段を登ります。

舗装路を15分ほど歩くと、右側に大きなトイレを過ぎて、すぐ先が茶屋のある山頂広場です。ベンチが多数あって、食事ができる店やビジターセンターがあります。ゆっくり休憩しましょう。南西側の外れには大展望台があって、晴れていれば富士山や南アルプスが遠望できます。すぐ近くには丹沢の山々が見えます。

下りは、先ほどのトイレの手前から左に分かれる4号路に入ります。尾根の少し下の斜面を横巻くようにつけられた静かな山道です。途中、大きな尾根の上でいろは坂コースと合流し、その尾根上を少し下ってから、反対側の谷方向へ下ります。谷に架かったみやま橋を渡り、気持ちのいい広葉樹林の斜面を進んで、1号路の浄心門に出ます。

登山口までは舗装路をあと1時間ほど下ります。途中の金毘羅峠からは関東平野が一望できます。疲れたら、ケーブルかリフトで降りることもできます。

《参考タイム》 京王線高尾山口駅→（20分）→琵琶滝→（30分）→1号路→（15分）→薬王院→（20分）→高尾山→（45分）→浄心門→（20分）→金毘羅台→（35分）→高尾山口駅 ［歩行合計 3時間5分］

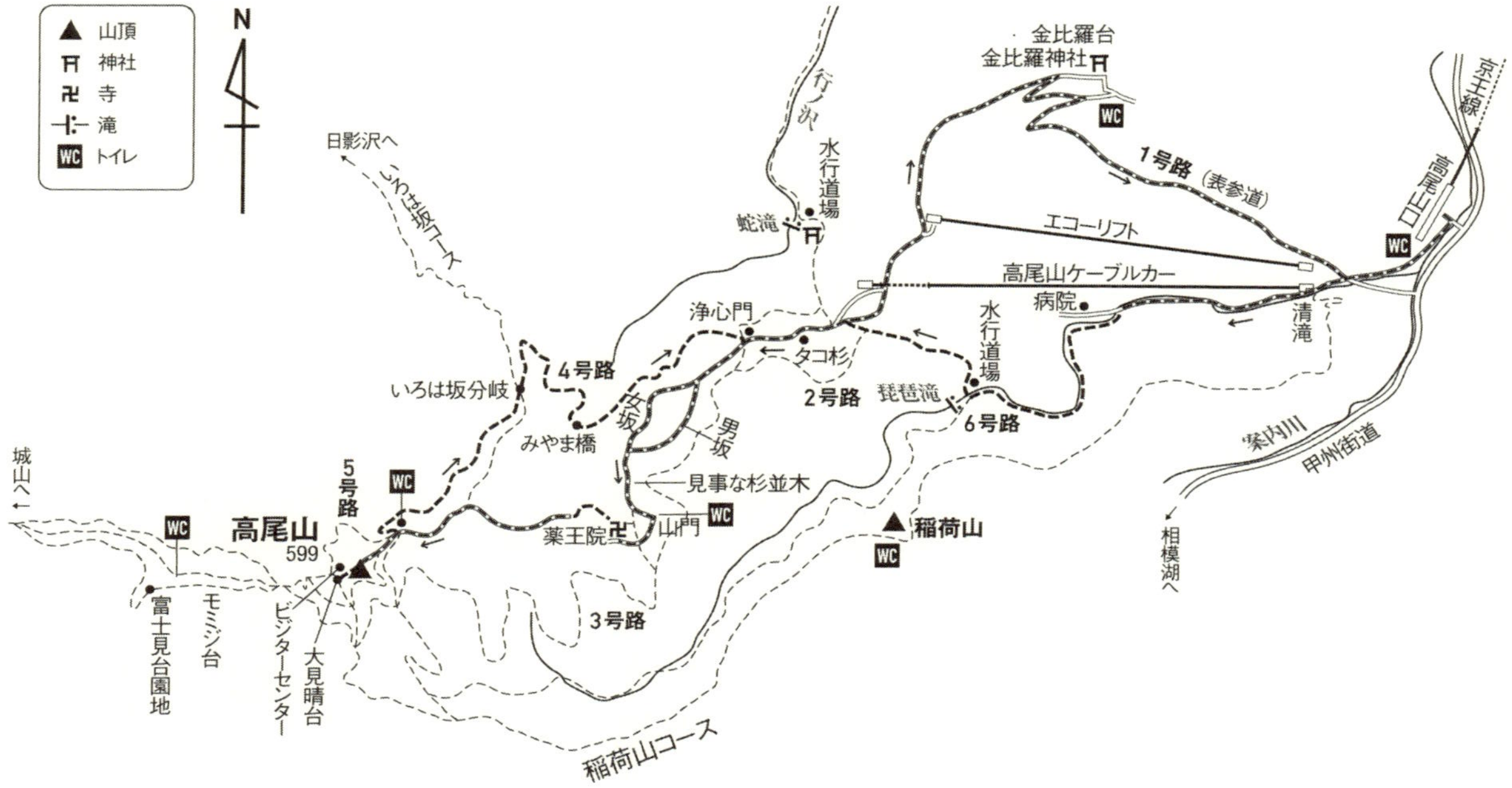

山頂
神社
寺
滝
トイレ
N
日影沢へ
いろは坂コース
行ノ沢
水行道場
蛇滝
金比羅台
金比羅神社
1号路（表参道）
エコーリフト
高尾山ケーブルカー
病院
清滝
高尾山口
京王線
浄心門
タコ杉
4号路
いろは坂分岐
みやま橋
女坂
男坂
2号路
琵琶滝
水行道場
6号路
見事な杉並木
山門
薬王院
5号路
高尾山
599
城山へ
富士見台園地
モミジ台
ビジターセンター
大見晴台
3号路
稲荷山
稲荷山コース
案内川
甲州街道
相模湖へ

コースガイド ④

霧ヶ峰高原（長野県、車山1925m）
——中部山岳地域の真ん中にある大展望台

霧ヶ峰は八ヶ岳連峰の西側にある高原状の山です。

特徴は、全体が広々とした草原におおわれていることと、中部山岳地域の真ん中に位置するため、北・中央・南アルプス、八ヶ岳連峰というような3000m級の山脈をぐるりと見渡す位置にあることです。

霧ヶ峰インターチェンジバス停（強清水《こわしみず》）がスタート地点です。ここには大きな駐車場があって、マイカーで来ることもできます。バスの場合は午前10時前には着きたいので、JR中央本線茅野《ちの》駅着が9時ごろになるように計画します。

霧ヶ峰ICからは霧ヶ峰自然研究路か、もっと下のビーナスライン寄りの歩道を行きます。

どちらも花が多く、最初から高原気分が味わえる道です。

車山肩には、鹿柵で保護されたニッコウキスゲ群生地があって、花のシーズンになると、

最高点の車山頂上から八ヶ岳連峰の眺め

草原の高みにある物見石、昼食によい場所

コースタイム	ルート距離	登り標高差	下り標高差	ルート定数
3.7時間	9.4km	380m	410m	13.5

草原が黄色で埋まる光景を見ることができます。かつては高原全体がニッコウキスゲの名所でしたが、ニホンジカの食害のためニッコウキスゲは激減してしまいました。

ここから車山へ約40分の坂道が、本日の登りの大部分となります。

何度かカーブを切って登りつめると山頂です。反対側からリフトでも登れるので、大勢の人でにぎわっているでしょう。360度の大パノラマで、なかでもすぐ隣に連なる八ヶ岳が印象的です。

反対側の車山乗越に急下降します。

下りきって左折すると車山湿原の一角に入ります。少なくなったとはいえ、いろいろな種類の高原の花々が楽しませてくれます。

やさしいカーブを描いた蝶々《ちょうちょう》深山《みやま》へ登り返します。ササ原の中の道を物見石まで来ると、ずいぶん高原の深い部分へ入った感じがします。

なだらかな草地の斜面を気持ちよく下っていくと、小沢を渡り、ほどなく小屋の建物が現れて奥霧小屋に着きます。ここから八島湿原に入って、木道が敷かれた遊歩道を歩きます。これまでとはちがった種類の花や植物が楽しめます。

湿原を半周して、八島ヶ池の所から右の道を一段上がると八島園地です。これまでに歩

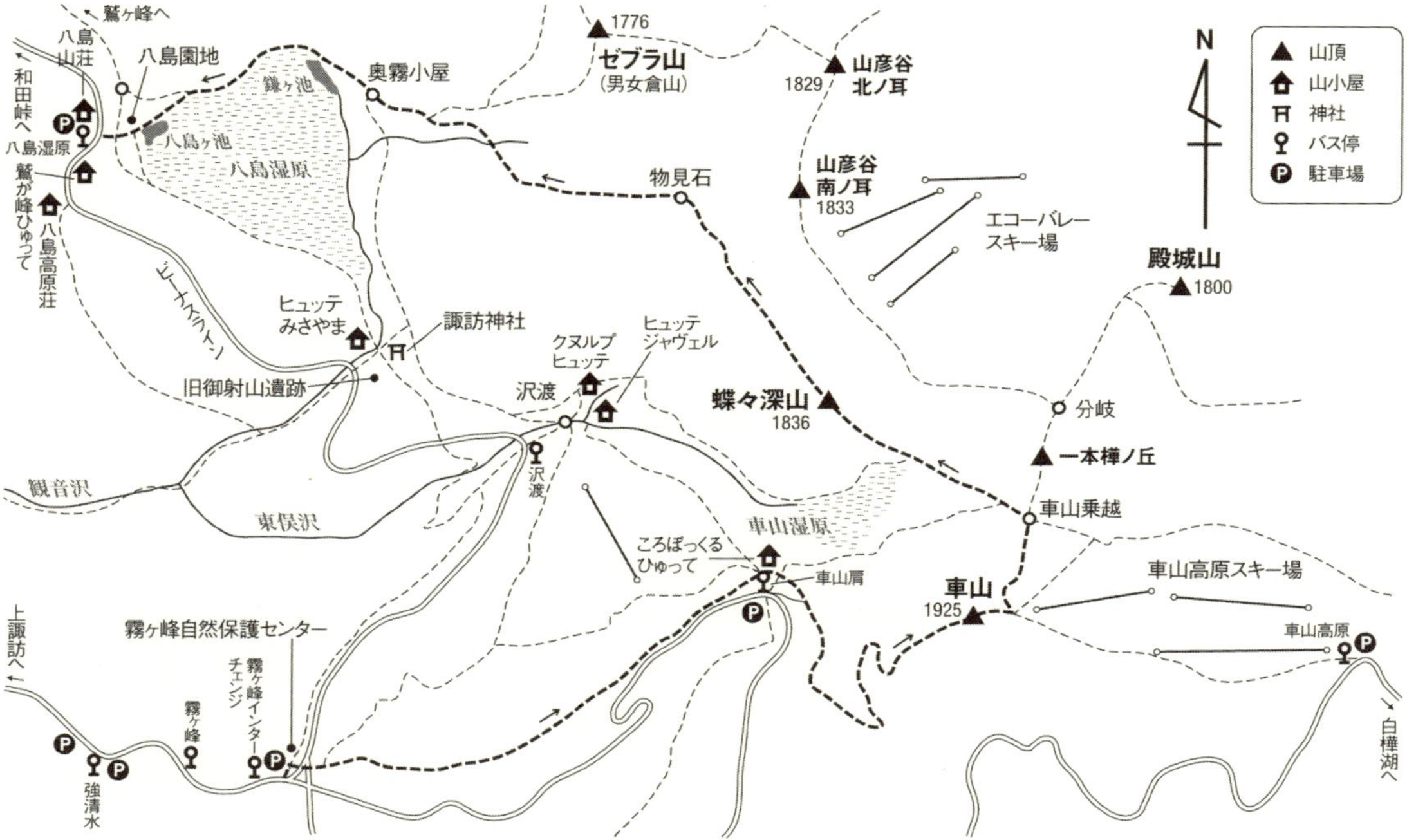

鷲ヶ峰へ
八島山荘
八島園地
鎌ヶ池
奥霧小屋
1776
ゼブラ山
（男女倉山）
1829
山彦谷
北ノ耳
N
山頂
山小屋
神社
バス停
駐車場
和田峠へ
八島湿原
八島ヶ池
八島湿原
鷲が峰ひゅって
八島高原荘
物見石
山彦谷
南ノ耳
1833
エコーバレー
スキー場
殿城山
1800
ビーナスライン
ヒュッテ
みさやま
諏訪神社
クヌルプ
ヒュッテ
ヒュッテ
ジャヴェル
旧御射山遺跡
沢渡
蝶々深山
1836
分岐
一本椿ノ丘
観音沢
東俣沢
沢渡
車山乗越
車山湿原
ころぼっくる
ひゅって
車山肩
車山高原スキー場
車山
1925
上諏訪へ
霧ヶ峰自然保護センター
霧ヶ峰インターチェンジ
霧ヶ峰
車山高原
強清水
白樺湖へ

いてきた高原全体が見渡せます。
すぐ近くにビーナスラインとバス停があります。

《参考タイム》 霧ヶ峰インターチェンジ（強清水）↓（1時間10分）↓車山肩↓（40分）↓車山↓（35分）↓蝶々深山↓（20分）↓物見石↓（30分）↓奥霧小屋↓（25分）↓八島湿原バス停
［歩行合計 3時間40分］ ※八島湿原↓（バス10分または徒歩1時間25分）↓霧ヶ峰IC

4章

命を守る
最新「シューズ、ウェア、用具」の選び方

山歩きと登山用具の関係を考える

この章では、山歩きに必要な登山用具について解説します。

ハイキングは歩行時間が比較的短く、標高差も小さい山歩きでした。もっと体力が必要な山歩き、「登山」をするためには、用具の役割が重要になってきます。

日本の山の豊かな自然は、隆起と浸食、火山活動をくり返してできた多様な地形と、北から南までの幅があって変化の激しい気象のもとで形成されてきたものです。山歩きの楽しさを味わわせてくれる山は、そういう変動が日々起こっている場所でもあります。

登山用具は、私たちが町の生活でしていることを、山の自然の中でも同じくできるようにしてくれます。靴、バッグ、ウェアそれぞれが、独特な形をした登山靴（トレッキングシューズ）、バックパック（ザック）、登山シャツやパンツ、レインウェアに置き換わります。それは、カッコよいスタイルで山を歩くためというよりも、山の自然の厳しさを十分に理解したうえで、反映させた道具の形です。

私たちは、町にいれば気づかずに、社会生活上の〝保護〟を受け、便利で安全な生活を享受できます。山の自然の中では、それらがほぼ全部なくなります。

まず、すべて2本の足で歩かなくてはならず、どこへどう歩くかを決めるために地図とコンパスが必要です。一日に食べるもの、飲む水を買える店はなく、必要な全量を用意して持ち歩かなくてはなりません。もちろん医療はありませんから、自分で応急的な処置のできる最低限のものが必要になります。

社会からの〝保護〟のない場所で、何とかしのぐというレベルではなくて、町と同様に過ごせるようにしてくれるのが登山用具です。したがって、それらは高機能です。その機能は、ユーザーが勉強して理解すればするほど、引き出せるようになります。逆に、使い方が誤っていると、機能を十分に引き出せないこともあります。

登山用具は、山歩きに精通した職人（または職人魂をもった企業）が、工夫を重ねたすえに現在の形になっています。軽さを追求するために、不必要な装飾などは除いていることが多く、その結果、シンプルで美しいものになっています。

登山用具について知ることは、山歩きを楽しく快適にしてくれる以上のものです。ときには遭難を防ぎ、命を守ってくれるのも、登山用具の役割なのです。

最重要ギアの一つ、トレッキングシューズ

山歩きの三大用具は、靴、バックパック（ザック）、レインウェアといわれています。歩く快適さを左右するトレッキングシューズは、もっとも重要なギアの一つです。

山歩きは「歩く」ことを通じて自然とふれ合います。その仲立ちとなる道具がトレッキングシューズです。私たちはもう、動物のように山を駆けめぐることはできません。しかし、自然の中に戻ってきて、自分の中に残っている野生の感覚を呼び覚ましたいという願望を、かろうじて満たしてくれるのが、「山靴」という用具なのかもしれません。

トレッキングシューズには、不整地の道でもそこそこの歩きやすさを保証しながら、同時に足を守るという機能が求められます。

足を守るためには、足首を包んでいる部分が深いほど、また、アッパーが堅牢であるほど有利です。しかし、足首をしっかりガードするほど、足首は動きにくくなりますから、歩きやすさは犠牲になってしまいます。

トレッキングシューズの機能と各部の名称

①タン
足入れをよくする
②フック／アイレット
靴ひもをかける
③ストッパー付きフック
靴ひもの流れを止める
④ランド
防水性と防護力をアップ
⑤パッド
ソフトタッチではきやすくする
⑥トゥガード
つま先を外力から守る
⑦ミッドソール
はき心地をよくする
⑧アウトソール
靴を滑りにくく安定させる

ハイキングのような軽い山歩きには、歩きやすさを重視して、ミドルカットか、アッパーが柔らかめのライトトレッキングシューズをおすすめしました。しかし、傾斜のきつい坂道や、岩場・砂礫《されき》地のような悪路を含めて長時間歩く登山には、ハイカットでアッパーもがっちりしたトレッキングシューズがスタンダードな選択となります。

実際のところ、入門のときにはライトタイプの靴を購入し、山歩きが楽しくなって登る範囲が広がると、2足目として本格的な登山用のトレッキングシューズを購入する人は多いと思います。2つのタイプを使い分けるのは、実用的でよい方法です。

山を長時間歩くと、足の大きさが少し変化します。また、登りでは足首が動きやすいようにゆるめにし、下りでは転倒を防ぐためにも、足首をしっかり固定する必要があります。これらの用途には、靴ひもで締め込むシステムは不可欠です。

また、雨の多い日本の山では、濡れた道を歩くことはひんぱんにあります。現在、ほとんどのトレッキングシューズには、ゴアテックスに代表される「透湿性防水素材」がインナーに使われています。この素材はレインウェアに使われているのと同じもので、雨水はシャットアウトし、足の皮膚から出る蒸気（ムレ）は外へ放出するしくみになっています。この高機能素材のおかげで、靴の中が濡れることはほとんどなくなりました。

体にフィットしたバックパックを！

バックパックの大きさは容量（ℓ）で表します。メーカーによって違いがありますが、日帰りの山歩きには20〜30ℓ（小型）、山小屋泊まりの山歩きには30〜50ℓ（小〜中型）の容量が必要です。寒い季節は防寒着などで荷物が多くなりますので、年間を通じて山歩きをしたいなら、大きめのサイズのほうが無難といえます。

しかし、長く山歩きを続けていく人は、ゆくゆくは小型と中型、2種類のバックパックを買って、使い分けていくことになるかもしれません。

バックパックの形は2種類あります。前面をファスナーで開閉するいわゆる「デイパック」型は、ほとんど小型サイズのみです。もう一つは、縦長の袋の上から荷物を入れてドローコードで閉め、雨蓋（リッド）を乗せてふたをするもの。トップローディング式といって、小型から100ℓ超の大型まであります。バックパックの主流です。

バックパックを購入するときは、ネット通販などで買うのでなく、かならず登山用具店に行き、実際に背負ってみて、フィットするかどうか確かめてください。小型の場合は荷物が軽いので、多少体に合わなくても影響は少ないかもしれません。しかし、中型以上のバックパックは、体のサイズに合わないものを買ってしまうと、ずっと違和感に苦しみながら使い続けることになります。

バックパックは中～大型になるほど多くの機能があります。それは、重い荷物をいかにして楽に背負わせるかの一点に集中しています。ショルダー、チェスト、ヒップ（ウエスト）の3つのベルトには、それぞれ長さを調節できるストラップがあります。ショルダーベルトの上部にも本体とつながるトップスタビライザーがあります。これらのストラップを調節して、パック本体を背負う人の肩～背中～腰にフィットさせます。

トップローディング式パックの場合、フィッティングは次の順序で行います。

①すべてのストラップをゆるめてから、パックを背負い、ヒップベルトの中心線が腰骨の上にくる位置でヒップベルトを締めます。
②ショルダーベルトのストラップを引いて長さを合わせます。
③トップスタビライザーをピンと張る程度に引き寄せます。
④チェストベルトを苦しくない程度に締めます。位置は鎖骨の下3～5㎝くらいです。

バックパックの機能と各部の名称

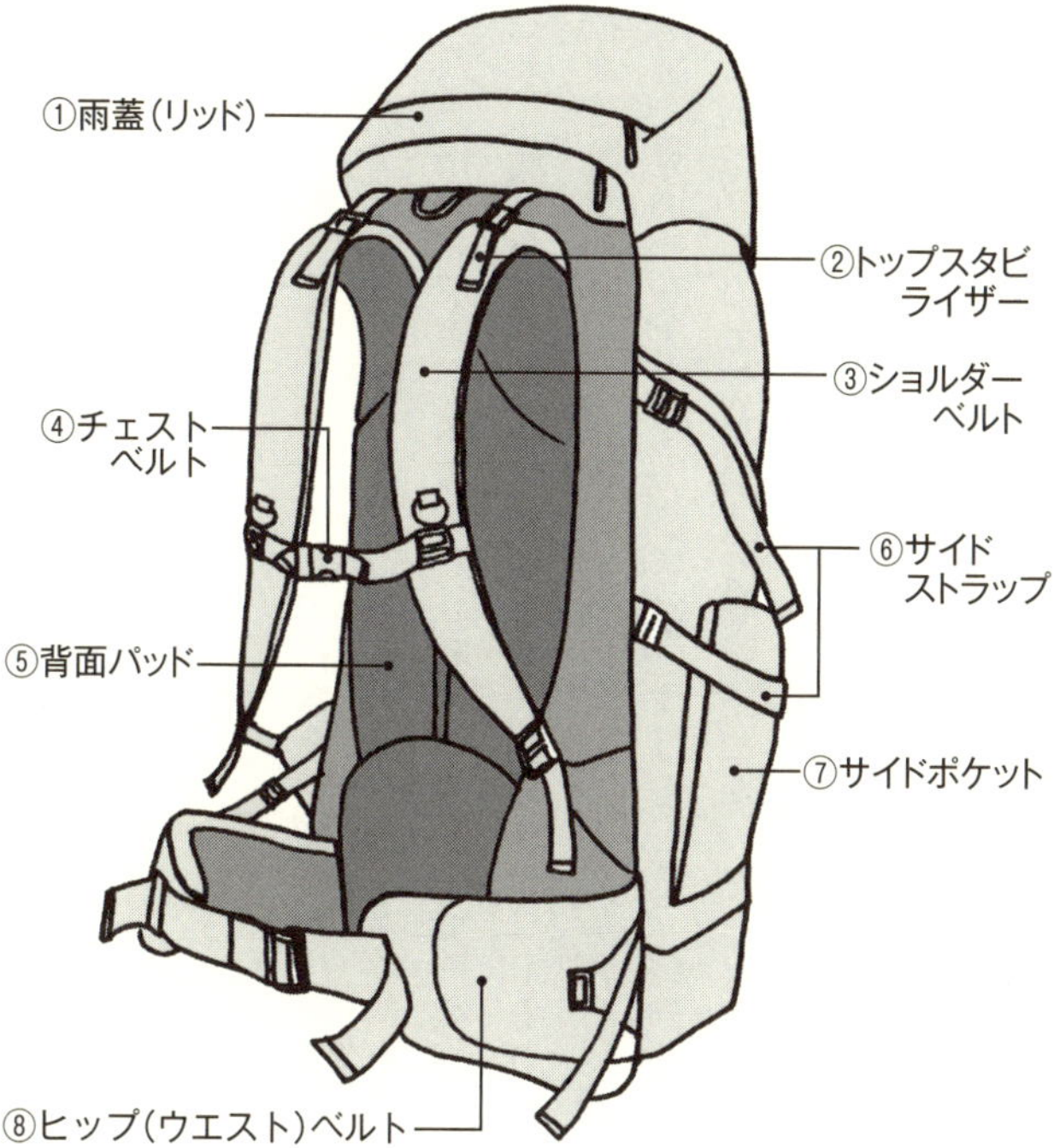

①雨蓋（リッド）
本体のふたになると同時に、ポケットがついている
②トップスタビライザー
本体の重心を引き寄せる
③ショルダーベルト
本体を背中に固定する
④チェストベルト
本体の位置を微調整する
⑤背面パッド
背負い心地をよくする
⑥サイドストラップ
本体の容量を調節する。長いものを取り付けられる
⑦サイドポケット
荷物のズリ落ちを防ぐ
⑧ヒップ（ウエスト）ベルト
荷物を体の重心近くに固定

あなたの命を守るレインウェア

山歩きを始めると、しだいに行きたい範囲が広がってきます。そして、意外と早いうちに、八ヶ岳や北アルプス、谷川岳のような、本格的な登山を経験するかもしれません。八ヶ岳や北アルプスは3000m級の高山で、標高2500mから上は高い樹木がなくなり、岩だらけの風景になります。谷川岳は2000m級ですが、豪雪地域にあるため標高1500mから上は樹木がなく、岩場と笹原だけになります。このような山々で、地平線まで見通せるような山歩きは、すばらしく、強烈な印象を与えてくれます。

しかし、このような場所で暴風雨になったらどうでしょうか？　雨で体が濡れたところに、風速15m／s程度の強風で体温が奪われれば、人間は数十分以内で体温を維持できなくなって低体温症になり、やがて死亡してしまいます。

登山の重要な用具は、命を守る機能をもっています。たとえば、トレッキングシューズは足を守るだけでなく、転倒・滑落を防いでくれる用具です。同じようにレインウェアも、

レインウェアの機能と各部の名称

①フード
　頭部を守り視界を確保する
②襟
　首まわりからの浸水を防ぐ
③前立て
　雨水が入りにくい構造
④フロントファスナー
　防水上の弱点だが、前立てで守られている
⑤カフ（袖口）
　手首に密着して浸水を防ぐ
⑥ポケット
　パックのベルトと干渉しない
⑦サイドファスナー
　靴のままパンツを着脱できる
⑧ドローコード
　フード、ジャケットの裾《すそ》などを絞り込みフィットさせる

正しい使い方をすれば、悪天候から登山者の命を守ってくれます。

登山用のレインウェアは、ジャケットとパンツに分かれた、レインスーツのタイプです。ほとんどの製品に、「透湿性防水素材」という高機能素材が内蔵されています。これは、薄い膜に1㎠当たり約14億個（ゴアテックスの場合）もの微細な孔《あな》があって、雨水と風はシャットアウトし、内側のムレ（水蒸気）は外側へ発散するというものです。

各メーカー独自の透湿性防水素材もいろいろありますが、機能的にゴアテックスに及ばないのが実情です。ゴアテックスのレインウェアは高価ですが信頼できます。ほかの透湿素材のものは安価ですが、機能的にやや落ちることを覚悟しなくてはなりません。

この高機能素材の膜を、薄い表地と裏地の間に挟み込んだ3層構造の布地で、レインウエアは作られています。表地には撥水《はっすい》加工が施され、表面に雨水が滞留しないようにしています。表地が濡れるようになると、水蒸気が発散できなくなりますので、購入後は自分で撥水性を保つようにメンテナンスしなくてはなりません。

また、皮脂などで生地が汚れると、やはり透湿機能がきかなくなってきます。レインウエアの汚れが目立つように感じたら、専用の洗剤を使って洗濯してください。陰干ししたあとで、表面に撥水スプレーをかけて撥水性を回復させてやります。

ウェアは3〜4種類をレイヤリング

山歩きは大きな気温差の中で行われます。晴れて登っているときは汗だくでも、山頂で腰を下ろしていると、ジャケットを着ても寒いほどです。曇って日射しがなくなり、さらに雨が降りだすと、寒さは耐えがたいほどになります。

山歩きのウェアは、さまざまな状況と気温に対応できるために、多くの機能をもっています。そして、それぞれの機能をもったウェアを、重ね着（レイヤリング）して組み合わせます。重ね着するウェアは、肌に近いほうから、ベースレイヤー（下着／肌着）、ミドルレイヤー（中間着）、アウターといいます。

ベースレイヤー 肌に直接着るウェアです。一番重要な機能は速乾性で、濡れても冷たさを感じない、ベタベタせずサラッとしている、というような利点があります。素材はポリエステルなどの化学繊維が中心ですが、最近は高級なメリノウールの製品も人気があります。ある程度体にフィットしたもののほうが、重ね着がスムーズです。

私たちが町の生活で着ているコットンのシャツは、乾きが遅く、濡れると体温を奪います。山歩きのウェアには向いていませんので、注意してください。

ミドルレイヤー①

ベースレイヤーの上に着る長袖のシャツです。速乾性とともに保温性が重要になります。各メーカーがアウトドア用に開発したさまざまな速乾性素材や、ウール、化繊とウール混紡の製品があります。

ミドルレイヤーは山歩きの行動着にするもので、製品の種類も多く、ファッションが楽しめる部分です。ロングスリーブTシャツ、ポロシャツ、ボタンシャツ、ジップシャツなど、いろいろな形式のシャツが選べます。

ミドルレイヤー②

寒さが予想されるとき、防寒着として予備的に持つウェアです。フリースまたはダウンのジャケットやベストがあります。フリースはレイヤリング可能ですが、ダウンは濡れに弱いので、雨で濡れる場面では使えないという特徴があります。

アウター

レインウェアがアウターになります。

なお、下半身は、下着―パンツ（ズボン）―レインウェアの組み合わせになります。パンツもコットンは不可で、やはり化学繊維かウールのものが向いています。

山歩きでは、状況に応じてこれらのウェアを脱ぎ着して体温調節をします。

レイヤリングによる体温調節

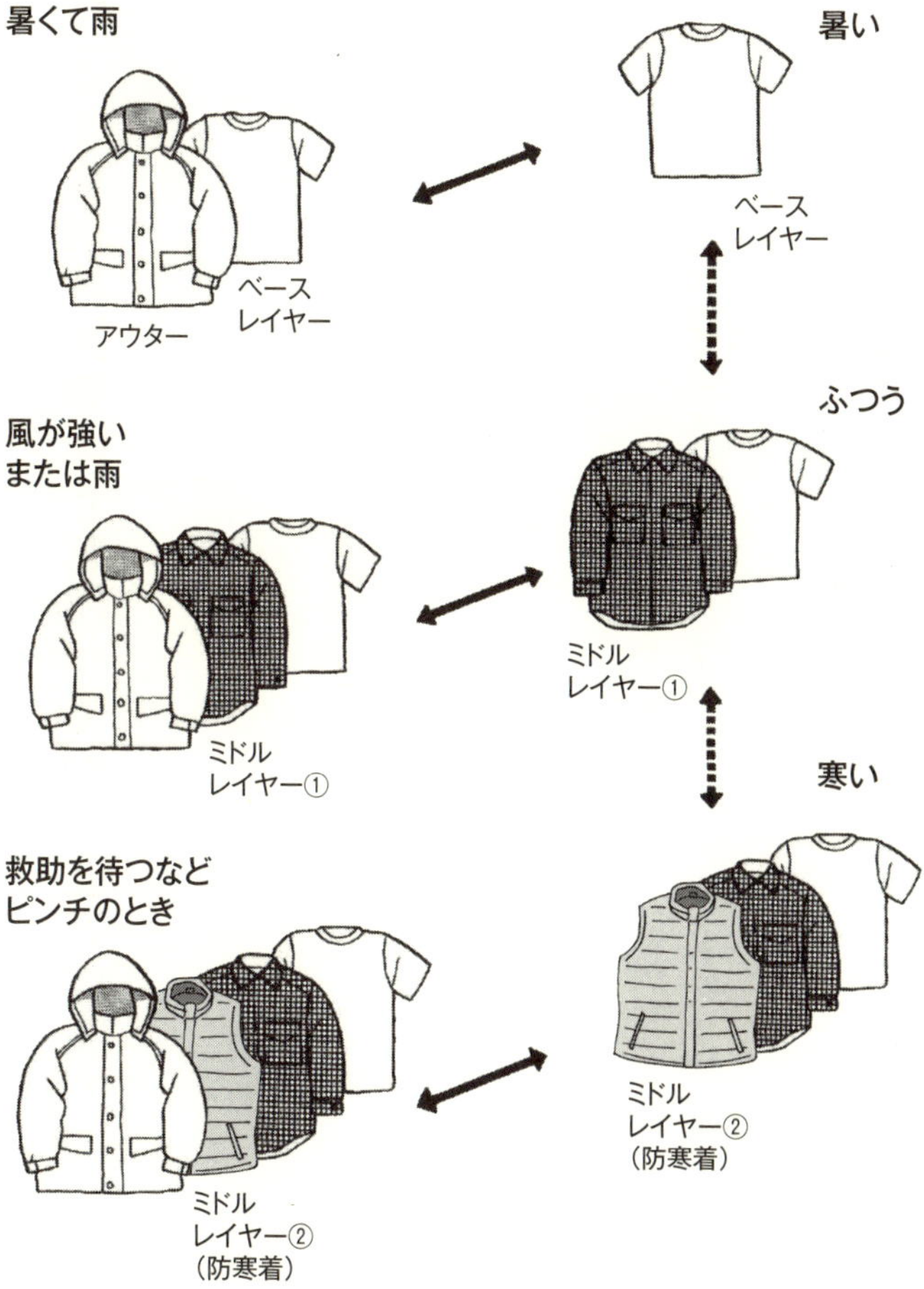

登山地図と地理院地図の両方を使って安全度アップ

小物であっても重要な意味をもつ用具が、地図とコンパスです。

地図は現在地を確認し、次に進む方向を決める、それだけの用具です。「地図の使い方がわからない」と言う人は、何か難しく考えすぎているのだと思います。

確かに、「今、どこにいるかわからない」という状態に陥ってしまったら、地図を使うのは難しくなります。かなりのベテランでも、迷ってしまってから、地図を使って正しいルートに戻るのは困難なはずです。

地図の一番重要な使い方は、迷っていないときに、現在地を確認し続けることです。

①出発地点で、地図上の現在地を確認し、次の地点（A）へのルートを予測します。
②予測に従いつつ、Aをめざして歩きます。
③Aに着いたら、地図上の現在地を確認し、次の地点（B）へのルートを予測します。
④Aに着かなかったら、ルートを間違えているかもしれないので、引き返します。

このように「現在地確認」をコツコツと続ければ、ルートを迷うことはないはずです。でも、登山者・ハイカーがこの作業をやっているでしょうか？　現実的にはやっていない人のほうが多いでしょう。このことが、道迷い遭難が多発している最大の理由です。

◎地形図はプリントして使う時代に

地図には、登山地図と地形図の2種類があります。登山地図は地図出版社が編集・制作のうえ販売しているもので、「山と高原地図」シリーズ（昭文社）が有名です。

地形図は、国土地理院が全国について測量し、一定区画に区切って制作したものを、2万5000分の1地形図として販売しています。近ごろは、同じ地形図を「地理院地図」のウェブサイトから印刷できるようになりました。

また、「ヤマケイオンライン」では「ヤマタイム」の地図を印刷できます。こちらは地理院地図をベースに、ルートを示す赤線、コースタイム、注意箇所（！印）などの情報が書かれています。しかし、データサイズが小さいせいか、あまり鮮明でないのが残念です。

地理院地図を鮮明に印刷できるのは、私の知っている範囲では、ウィンドウズアプリの「カシミール3D」です。任意の縮尺で、全国どこの範囲でも印刷できます。地図読み作業に必要な磁北線や、緯度・経度の線も引けるなど、とても便利です。

このように、地形図は購入するよりも、インターネットの各種サービスを利用して、印刷しながら使う時代になったと感じています。A4用紙に必要な部分を印刷し、ビニール袋に入れて持っていきます。現地では折りたたんでポケットに入れ、コンパスとともに、すぐ出して見られるようにしておきます。山歩き中のメモなどをどんどん書き込んでもいいです。1回限りの使い捨て地図です。

地理院地図と登山地図の両方を持つのがもっとも安全です。そして、山歩き中は練習もかねながら、地理院地図で現在地とルートを確認しながら歩くのがいいでしょう。

コンパスは、とりあえず方角がわかれば十分です。N針のさす方向に地形図の磁北を向け（「整置」といいます）、周囲の地形と見比べるような使い方をします。山頂の方角はもちろん、ルートの進む方向、尾根の落ちている方向、斜面の向いている方向、沢の流れ下る方向など、いろいろな方角をコンパスで確認します。

登山では、透明な板とリングのついたプレートコンパスがよく使われています、度の単位で方角を知ることができて、いろいろと高度な使い方があります。ゆくゆくは、プレートコンパスを使った地図読み術も勉強してください。

「カシミール3D」で印刷した高尾山の地形図（実物はA4大、1:11,000）

ビニール袋に入れた地形図とプレートコンパス

使わずにすむほうがうれしい非常用具

ここにあげる用具は使わない可能性が高いですが、かならず持っていくものです。これらもまた、命を守ってくれるかもしれない重要な用具です。

ヘッドランプ 日帰りの山歩きでは、何もなければ使わない用具です。でも、かならず持っていってください。理由はハイキングのところに書いたとおりです。

頭に装着して両手をフリーにできるヘッドランプがおすすめです。登山用具店に行くと小型で軽いライトがいろいろあります。ＬＥＤの大きさによって、遠距離用、近距離用などがあります。登山には、遠距離用か遠近両用タイプがいいです。

携帯電話 昔の登山者は緊急連絡用にトランシーバーかアマチュア無線を使いましたが、現在、完全にそれに代わったのが携帯電話です。一番重要な使いみちは、自分か他人かにかかわらず、遭難救助のために１１０番・１１９番通報をすることです。

緊急時に携帯電話が使えないと、本当に生死を分けることがあります。山にいるときに

救急セットの内容例

- 小型バンソウコウ
- キズ当てパッド
- 防水フィルム
- 滅菌ガーゼ
- 弾力包帯
- テーピングテープ
- 三角巾
- 虫刺され薬
- 防虫薬
- 芍薬甘草湯
- 綿棒
- 体温計
- 解熱鎮痛薬
- 正露丸
- 小型ナイフ（ハサミ、トゲ抜きつき）
- ライター
- レスキューシート

はできるだけバッテリーを節約し、可能なら電源を切っておいたほうがいいです。また、予備バッテリーも持っていきましょう。

ファーストエイドキット（救急セット）

外傷などの手当てができる救急品と薬品のセットです。小さい傷は水で洗い、キズ当てパッドをして防水フィルムを貼ります。テーピングテープ（幅38㎜）はねんざの固定や、細く切ってバンソウコウ代わりなど、いろいろなことに使えます。漢方薬の芍薬甘草湯《しゃくやくかんぞうとう》は足のけいれんに効きます。綿棒は細かなゴミや汚れをとります。レスキューシートは患者を保温し、安静にしたいときに使います。ハサミつきのナイフは、ひも・糸・布など、ものを切るために必要です。

必携ではないが、山歩きを便利で快適にしてくれる用具

山歩き用具の話をしてきましたが、以上で必携用具はほとんどカバーしています。
意外に少ないと思ったのではないでしょうか？
小物でほかに必要なものは、
ソックス（予備も1足）
水筒
腕時計
手帳と筆記具のたぐい
手ぬぐいとティッシュ
身分証明書
健康保険証
——これで本当に全部です。

勢力を広げる「あれば便利」な用具

ウインドブレーカー	レイングローブ
ソフトシェルジャケット	ハイドレーション
サポートタイツ	保温ポット
帽子	マップケース
手袋	カメラ
着替え	多機能時計
トレッキングポール	ハンディ GPS
ゲイター	ストーブ（コンロ）
パックカバー	クッカー

ところで、山歩き用具には「あれば便利」というジャンルがあります。じつは、この種の用具が勢力を増していて、バカにならないのです。

たとえばトレッキングポール（ストック）です。必携用具ではないですが、多くの人が両手にポールを持って歩いています。今や必携だと言わんばかりの勢いです。

カメラも典型的です。一眼レフカメラは、山歩き用具の中では相当重いほうです。

まだまだあります。

靴の足首まわりをカバーするゲイター（スパッツ）、バックパックの防水用パックカバー、どちらも必携用具ではないはずですが、現在は使わない人のほうが少ないくらいです。

ちなみに、パックカバーだけでは完全防水できませんので、濡らせないものは個別に防水が必要です。

日帰りルートにストーブとクッカーを持ってくる人も少なくありません。お昼のカップめん、コーヒーを楽しみにしている人もいますし、本格的な料理をして山グルメを楽しむグループもいます。

また、寒い季節には、いつでもホットドリンクを飲める保温ポットが欠かせないアイテムになります。

このように用具の誘惑は多く、一度手にしてしまうと、便利だったり快適だったりで、やめられなくなるわけです。でも、その代わりに救急セットを割愛する、などとならないようにご注意ください。

5章

未知の自然を楽しむ

「計画、歩き方、地図の読み方」

ウォーキング、ハイキングと「登山」の違い

これまで、序章では運動強度（メッツ）の面から、3章では体力グレードの面から、ウォーキング、ハイキング、登山の違いを見てきました。

ウォーキングとハイキングは「徒歩でいろいろな場所を旅する」という点で、ハイキングと登山はどちらも「山に登る」という点で、それぞれ重なる部分があります。

日本の国土は6割以上が山だそうです。海岸からすぐに急峻な山が立ち上がっている地形もあるほどで、日本の山はけわしいものが多いです。狭い国土に山が集中している日本では、広々とした高原、草原、原野などを気の向くままに歩いてゆくような、典型的なハイキングができる場所は少なかったのではないでしょうか。

外国の山を見ると、たとえばヨーロッパのアルプスでは、鋭くそびえる氷雪の山々の周囲に、開放的で明るい草原が広がっています。この草原のトレイルを歩くのがハイキングで、氷河から奥の高峻な山を登るクライミングとは、地形のうえで明確に分かれています。

ヒマラヤでは、氷河の入り口までの道を歩くのがトレッキングで、基礎体力があれば普通の人にもできます。そこから奥は高所クライミングの世界になり、特別な準備と技術のある人でないと近寄ることもできません。

日本の場合は、ウォーキング、ハイキングのエリアと、登山のエリアを区別するものがなくて、低山―中級山岳―高山と連続して並んでいます。登るのに技術的な違いもそれほどありません。そのため、この本ではハイキングを「初心者グレードの山歩き」というように、仮に位置づけてきました。

実際には、日本で最も高い3000m級の山でも、なだらかな稜線を歩いているときはハイキングと同じやさしさに感じます。それとは逆に、標高の低い山でも、危険な岩場のあるルートもあります。また、普通に歩いている山道の谷側が、転げ落ちていくような急斜面や崖になっていることも多いです。標高が低くても急峻な山が多いことは、日本の山の特徴として頭に入れておいたほうがいいでしょう。

「登山」というレベルの山歩きになると、たとえ1000mに満たない低山でも、転落、滑落、転倒、ルートミスなどの危険があります。そういう、危険（リスク）への意識を持たなくてはならない点が、ハイキングとの大きな違いです。

安全な「登山」には脚筋力のトレーニングが必要

序章で紹介したように、ハイキングは6メッツ、登山は7メッツの運動です。7メッツで登山に近いものとして、ジョギング、スキーがあります。

登山に必要な体力をつくるには、同じ強度の運動をすればいいのです。ですから、日ごろから趣味として、ジョギングやスキーに親しんでいる人は、登山をするための基礎体力をすでに持っていると考えられます。

中高年の方で、登山のトレーニングとしてウォーキングをしている人がたくさんいます。しかし、先にもふれましたが、ウォーキングだけでは登山のトレーニングにはなりません。その理由は、登山に必要な脚筋力などを鍛えられないからです。

脚筋力（心肺機能も）を鍛えるには、次の方法があります。

①脚筋力を中心に筋トレをする。
②ウォーキングのコースに坂道や階段の登り下りを含める。

③能勢《のせ》博さん推奨の「インターバルウォーキング」をする。

スクワット、シットアップ（上体起こし）のような、器具を使わずにできる簡単な筋トレがあります。週に2～3回、このような筋トレとストレッチングを行うといいでしょう。

インターバルウォーキングは、「速歩き3分間＋ゆっくり歩き3分間」のセットを、1日5セット以上、週に4日以上行うというものです。ただし、きつかったら2分間でもいいですし、セット数もできる範囲から始めてかまわないそうです。速歩きのところがポイントで、いつもより大股で、「ややきつい」と感じる速さで歩きます。

まったく別の発想で、登山そのものをトレーニングとして行う考え方もあります。山本正嘉さんは、週2回以上の登山を継続すればトレーニング効果があると言っています。ただし、アクシデントの危険もある登山をトレーニングにするのですから、自分のレベルを大きく超えたルートに突っ込まないよう、十分な注意が必要です。

トレーニングとして登山をすると、自分の体力レベルよりも少し上のルートを歩くことがあるでしょう。そうすると、自分の体の弱いところが痛んだり、故障しかけたりということも起こります。登山を通じて自分の弱点を知り、トレーニングで修正したうえ、次の登山に結びつけていけば、しだいに上達して山歩きの幅が広がっていくでしょう。

【登山計画①】

山・ルートを決めて日程を組み立てる

登山をするには、かならず事前に計画を立ててください。登山計画によってルート全体のアウトラインを頭に入れておくことは、登山中の事故を防ぐうえでとても重要です。計画を立てる順序は、次のようになります。

① 山・ルートを決める　② だいたいの日程を決める
③ 危険箇所をチェックする　④ エスケープルートを設定する
⑤ 装備をリストアップする　⑥ 計画書にまとめる

目的のルートを選ぶには、難易度（グレード）の見方が重要になります。表に難易度の例をあげました。これは本書の内容にそって考えたものです。全体的にレベルが高めなのは、低山から3000m級までを含めたグレードだからです。

☆＝**入門（初心者）、★＝初級、★★＝中級、★★★＝上級**のグレードになります。

3章のハイキングでは「体力度☆・技術度☆」の山歩きをしました。一歩進んだ山歩き

山歩きルートの難易度例

体力度		技術度	
☆	コースタイム4時間まで、登りの標高差500mまで	☆	やさしい。特別な技術を必要としない
★	コースタイム6時間まで、登りの標高差800mまで	★	地図で現在地を確認する必要がある。短い容易な岩場を通過する
★★	コースタイム6～10時間、登りの標高差1200mまで	★★	登山道が不明瞭な箇所があるか、部分的に危険な岩場を通過する
★★★	コースタイム10時間超、登りの標高差1200m以上	★★★	不明瞭な箇所が多い。岩場の区間が長く、高度な岩登り技術が必要

としては、初級（体力度★・技術度★）の範囲で、山とルートを選べばいいのです。初級の中でもかなり幅がありますので、最初はコースタイム5時間台まで、標高差600m程度までなら安心ではないでしょうか。

実際には、ガイド本、ガイド記事、インターネットの情報でも、グレードは個々の基準でバラバラに書かれています。ルート選択の決め手であるグレードが筆者ごとにバラバラなのは問題です。そこで、いくつかの県では共通基準を設けて、登山ルートのグレーディングを行っています。このことについては、あらためて説明します。

◎午後4時までに下山できるように考えよう

次に、だいたいの日程を組み立ててみましょう。出発時刻を仮に決めて、おもな地点を何時何分に通過することになるか、所要時間をプラスしながら書き出していきます。

左の表は、コースタイムによって、何時に出発すれば何時に到着するかを計算した表です。①50分歩いたら10分休憩、②4〜5ピッチ歩いたら40分大休止、という前提で計算したものです。左下は筑波山登山での設定例です（コースタイムを2割増にしています）。

この表は基準を示しているだけですから、出発時刻が遅い場合は、下山時刻も同じ時間だけずらして見てください。また、体力的にコースタイムでは歩けないと予想するなら、コースタイムを1割増、2割増、3割増…のようにして計算します。

安全な下山時刻としては15〜16時が理想で、17時はギリギリすぎます。下山時刻が16時よりも前になるように、出発時刻を早めて調整します。それが無理なら大休止（昼食）の時間をカットして、全日程を行動食ですませるようにします。

山小屋やテントに泊まる場合は、もう1時間ぐらい早めのほうがいいです。「早発《はやだ》ち、早着き」になるような計画にしてください。

出発時刻と到着時刻の早見表

コースタイム合計	出発	大休止 着	大休止 発	到着
4時間	8:00	11:50	12:30	13:10
4時間30分	8:00	11:50	12:30	13:50
5時間	6:00	10:50	11:30	12:20
5時間30分	6:00	10:50	11:30	13:00
6時間	6:00	10:50	11:30	13:30
6時間30分	6:00	10:50	11:30	14:10
7時間	6:00	10:50	11:30	14:50
7時間30分	6:00	10:50	11:30	15:20
8時間	5:00	9:50	10:30	15:00
8時間30分	5:00	9:50	10:30	15:30
9時間	4:00	8:50	9:30	15:10
9時間30分	4:00	8:50	9:30	15:50
10時間	4:00	(大休止なし)	(大休止なし)	15:50
10時間30分	3:00	(大休止なし)	(大休止なし)	15:30
11時間	3:00	(大休止なし)	(大休止なし)	16:00

予定時刻の設定例(筑波山、188ページ参照)

12月2日 (日) 筑波山登山

9:00 筑波山神社入口 —(55分)→ 10:10〜20 中茶屋跡 —(50分)→ 11:20〜30 御幸ヶ原

—(15分)→ 11:50〜12:00 男体山 —(30分)→ 12:40〈昼〉13:20 女体山 —(30分)→ 14:00〜10 弁慶七戻石

—(1時間)→ 15:25 筑波山神社入口

※コースタイムを2割増にして計算しました

【登山計画②】

ルートを見渡して要注意箇所をチェック

本番の山歩き前に、ルート上の難所や要注意箇所を、できるだけ調べておきましょう。地形図のコピー上に、マーカーで色をつけておくと便利です。

このような情報は、近ごろのガイド記事などには、あまり書かれていないように思います。登山の注意点などは、なるべく指摘してもらったほうがありがたいのですが。

特別に難所とされていなくても、次の場所は危険です。

【A】危険な地形……岩場、ガレ場、崩壊地、急斜面、草付《くさつき》、雪渓

【B】人間の設置物……鎖場、ハシゴ、固定ロープ、桟道、吊橋

Aは、転倒や転落・滑落事故が起こりやすい危険な地形です。ガレ場は大小の岩石がガラガラと散乱している場所、草付は丈の短い草が生えている急斜面です。

Bは、もともと危険な場所に、通過を補助するための鎖、ハシゴ、ロープ、木・建材を組んだ棚などが設置されています。このような場所でも、転落・滑落事故が起こっています。設置物がないと通過困難なほどですから、A以上に危険な場所といえます。

A・Bのような場所は、ルート上で現在地を確認できる目印にもなります。また、吊橋以外は、どれも落石が発生しやすいという特徴があります。

【C】道迷いの危険がある場所

次のような場所は、道迷いが起こる危険性があります。

・ルートの分岐点、合流点（誤った分岐へ進む危険がある）
・ルートがはっきりと曲がる地点（誤って直進する危険がある）
・大きな尾根が分岐する所（大きな尾根のほうへ進む危険がある）
・ルート周辺の地形があいまいな場所（誤った踏み跡に引き込まれる危険がある）

「地形があいまい」とは、尾根や谷の形がはっきりしていない場所、平坦ないし起伏のゆるやかな場所、幅広い地形で尾根すじが見通しにくい場所などです。

【D】現在地を確認するための目印になる場所

山頂、小ピーク、分岐点、小屋などの建物、送電鉄塔、電線が交差する所などです。

以上を検討のうえ、たとえばAとBは黄マーカー、Cは赤マーカー、Dは水色マーカーのように、地形図のコピー（プリント）に色をつけておくといいでしょう。

登山計画書（登山届）が遭難救助の決め手に

山歩きの計画を1枚（ないし2枚）の用紙にまとめたものが登山計画書です。この書類は、登山計画をメンバー間で共有することと、遭難対策のために使います。

計画書を作成するうえで、大事な点は次の3項目です。

①メンバーを決める。個人情報（年齢、血液型、住所、電話番号）を教えてもらう。

②メンバーに緊急連絡先を決めてもらい、その電話番号を教えてもらう。

③エスケープルートを決める。

ただし、①の「個人情報」は、メンバーに抵抗感がある場合は空欄にしておいてください。代表者だけは、かならず年齢（または生年月日）、住所、電話番号を記載します。

緊急連絡先は、あなたが山で遭難して、自分で連絡できない状態になったとき、警察に通報・捜索依頼をしてくれる人です。つまり、山歩きに出かけるときには、緊急連絡先になってもらう人に、そのことを知らせておかなくてはなりません。

登山計画書(届)の記載例(丹沢、192ページ参照)

登山計画書(届)

秦野警察署　御中　2018 年 10 月 12 日　提出者：野村 仁

山域 山名	丹沢・表尾根 〜 塔ノ岳			登山形態	縦走
担当	氏名/生年月日	性別	血液型	現住所/電話番号	緊急連絡先(間柄) 電話または住所
リーダー	野村 仁 1954 年 7 月 13 日生	男・女	O	東京都新宿区若松町 12-1 TEL：080-xxxx-xxxx	野村××(妻) TEL：080-xxxx-xxxx
	山田 一郎 1967 年 8 月 10 日生	男・女	A	神奈川県川崎市・・・・ TEL：090-xxxx-xxxx	山田××(妻) TEL：090-xxxx-xxxx
	青春 花子 1962 年 5 月 6 日生	男・女	B	埼玉県越谷市・・・・ TEL：090-xxxx-xxxx	青春××(息子) TEL：090-xxxx-xxxx
	年 月 日生	男・女		TEL：	TEL：
	年 月 日生	男・女		TEL：	TEL：

山行期間	2018 年 10 月 14 日〜 年 月 日	1 日間(ほかに予備日 なし)

行動予定		
	10 月 14 日	小田急線・秦野駅[バス]ヤビツ峠 → 三ノ塔 → 烏尾山 → 新大日
	月 日	→ 塔ノ岳 → 大倉尾根 → 大倉[バス]小田急線・渋沢駅
	月 日	
	月 日	
	月 日	
	備考(緊急時の避難コースなど) ※悪天候、体調不良等の場合は、塔ノ岳より手前で登山を中止し、引き返す	

基本食料	昼食[1 食分] 行動食[0.5 食分] 朝・夕食[食分]	予備食	なし 食分

装備内容		
	衣類	防寒着 レインウェア 着替え
	一般用具	登山靴 ヘッドランプ 地図 コンパス 水筒 軽アイゼン
	緊急対策用具	ツエルト 携帯燃料 救急用品 常備薬 携帯電話 無線機
	宿泊用具	テント シュラフ シュラフカバー ストーブ 燃料
	備考(その他重要装備など) 携帯電話の番号： 080-xxxx-xxxx　無線機のコールサイン：	

所属： 有 無

※所属(山岳会など)がある場合、以下に記入。

団体名：

代表者：

住所：

電話：

救援態勢： 有 無

※救援態勢がある場合、以下に記入。

緊急連絡先：

住所：

電話(昼)：

〃 (夜)：

結婚している人ならお相手の方が緊急連絡先になるでしょうし、そうでない人は、親かきょうだいが緊急連絡先になってくれるでしょう。

エスケープルートは、急な悪天候で山歩きが続けられなくなったとか、体調を崩して歩けない、事故が起こってしまったなど、緊急事態のときに下山するためのルートです。コースタイムで6時間ぐらいまでの日帰り行程であれば、たいていは、途中から引き返すことがエスケープになります。それ以上の長いルートや、何泊もする長期登山のときには、途中から下山するエスケープルートを、1日当たり1本以上設定します。

①〜③の情報がそろったら、登山計画書（届）のフォーマットに必要事項を記入していきます。丹沢登山、筑波山登山の記載例をあげましたので参考にしてください。太字の文字や丸囲みのところが記載箇所です。

このような登山届を、メンバー全員の緊急連絡先と、管轄の警察署へ出しておきます。警察のほうは、登山口や最寄り駅に投函箱があれば、そこへ提出することもできます。

万一、遭難が発生したときには、この書類を見れば必要な情報がすべてわかりますので、すぐに救助活動が開始されます。また、予定日よりも下山が遅れたときには、緊急連絡先から警察へ、必要な連絡や通報が行われることになります。

簡易的な登山届の例（筑波山、188ページ参照）

登山メモ

記入年月日：	2017 年 11 月 27 日	記入者名：野 村 仁	
団体名	青春出版社 登山部	なし	
代表者名	野 村 仁	㊚・女 63 歳	TEL：080-xxxx-xxxx
代表者住所	東京都新宿区若松町 12-1		
緊急時連絡先（自宅・勤務先等）	野村 ××（妻）		TEL：080-xxxx-xxxx
メンバー（氏名・年齢）	山田 一郎 ㊚・女 51 歳	男・女 歳	
	青春 花子 男・㊛ 55 歳	男・女 歳	
	池尻 恵子 男・㊛ 45 歳	男・女 歳	
	沢村 隆史 ㊚・女 50 歳	男・女 歳	
目的地	筑波山 筑波山神社から周回		
入山予定日時	2017 年 12 月 3 日 9 時頃		
下山予定日時	2017 年 12 月 3 日 15 時頃		
宿泊先予定	／ なし	／	
	／	／	
	／	／	
装備品（○で囲む）	[登山靴・防寒着・雨具・ヘッドランプ・地図]・アイゼン・ツエルト・テント・シュラフ・ストーブ・[携帯電話]（ 080-xxxx-xxxx ） その他（ ） ※食料：1人当たり 1 日分 行動食：㊒・無		

日程・コース等（できるだけ詳しく書く）	
12／3	筑波山神社入口バス停 → 筑波神社→ 御幸ヶ原 → 男体山 →
／	御幸ヶ原 → 女体山 → 弁慶七戻石 → 筑波山神社入口バス停
／	
／	
／	
／	

登山メモ提出予定	[登山口]・警察署・その他（ ）	提出しない

メンバーの住所・緊急連絡先などを除いて簡略化したフォーマット例（屋久島で使われていたもの）。ハイキングに近い軽度な山歩きなら、このような形式でもいいのではないでしょうか。

トレッキングポールはバランスを楽にしてくれる

トレッキングポール（ストック）は、スキーで使うのと同じ形をしたポールです。山歩きのポールは、3～4段に折りたたんで収納できる、長さ調節がミリ単位でできる、手首を通すストラップが長時間使っても痛くならないように柔らかくつくられている、地面を傷つけないように先端にプロテクターを取りつけられる、などの特徴があります。

トレッキングポールを使うと楽に歩けるように感じます。このため、手離せなくなって使い続ける人が多いのですが、自分の脚筋力の不足を補って、ポールに頼るような使い方は避けたいものです。

ポールの長さと持ち方

正しい持ち方は、ストラップの輪の下から手を入れて、ストラップとグリップをいっしょに握ります。ストラップの長さがフィットしていると、手に力（握力）を入れなくてもポールに加重できます。一時的に持つ長さを変えるために、ストラップから手を外して持つこともあります。

ポールの長さと姿勢

ひじの角度が90度か、それより広くなるようにして使う。ポールは左右にハの字に広がらないようにする

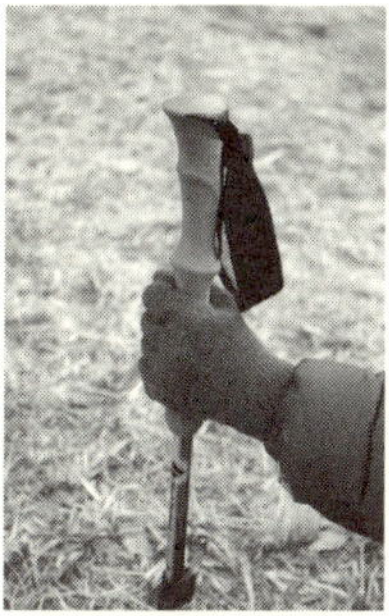

一時的に短く持つ

ポールの持ち方

グリップとストラップを握る

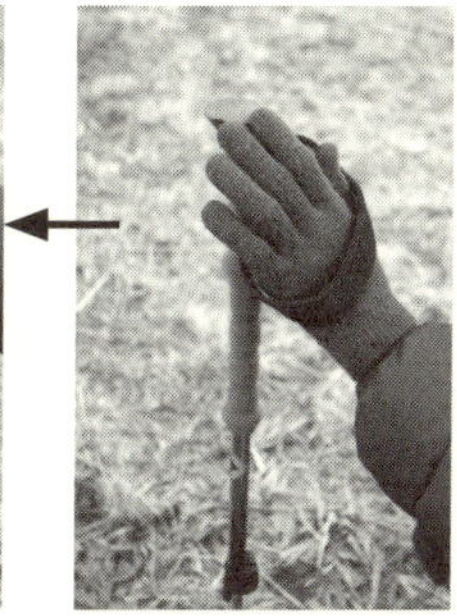

ストラップの輪の下から手を入れる

一時的に長く持つ

適切なポールの長さは、平地で正しくポールを持ったとき、ひじが直角に曲がるぐらいに調節します。これを基準に、登りではやや短く、下りではやや長くします。傾斜によって変わりますが、5cmぐらい増減させるといいでしょう。

ポールの使い方

登りでは、自然な脚の動きと手の振りに合わせて、ポールも動かしていきます。突く位置は、体の真横から1歩前までの間です。前脚に加重して立ち上がるときに、接地している両手のポールを軽く押して、バランスを補助してやります。

下りでは、前脚の着地するつま先ぐらいの位置にポールを置き、前脚が着地して荷重するときに、両手のポールを押してバランスを補助します。2本のポールを同時に突く方法(ダブルポール)もよく使います。

ポール使用の注意点

両手をふさいでしまうポールは、両手を使わずに歩ける場所でだけ使用するものです。岩場、鎖場、ハシゴ、ガレ場、極度な急斜面のように、転落・滑落の危険がある場所では、ポールをたたんでバックパックの横につけます。

また、ポールはマナーが重要な用具です。むき出しの鋭いスパイク(石突き)はインパクトが大きく、土壌や木道、植物などを傷つけます。雪渓や雪田以外の場所では、スパイクにプロテクターをして使うほうがいいでしょう。

ポールを使って登る

①右脚を前に出す

②ポールで支えながら右脚へ加重。
続いて左脚を出す

③ポールで支えながら、左脚へ加重。
続いて右脚を出す

ポールを使って下る

①1歩先の位置へダブルポールを出す
(左脚を出す準備)

②ポールで支えながら左脚へ加重
(右脚を出す準備)

③同位置のポールで支えながら右脚へ加重
(左脚を出す準備)

【山歩きの歩行技術⑤】

急斜面は、よい足場をていねいに探しながら

ここからは、登山ルートにある危険な状況について解説していきます。危険箇所では時間やスピードは考えずに、安全に通過することを最優先して行動します。

急斜面の危険は、登りでは歩行ペースが破綻しがちなこと、下りでは転倒しやすいことです。また、登り・下りにかかわらず、上部からの落石に注意が必要です。

急斜面といっても、急な部分がずっと続くことは少ないです。しばらく急登したあとに、傾斜がゆるむか平坦になって、それからまた急登にさしかかる、といったぐあいです。急斜面が長く続く所はジグザグ道が切られていることも多いです。急斜面になってもあせらずに、必要なだけペースダウンして、「きつい」と感じるペース以下で登ることです。

登山道にはいろいろな凹凸があります。岩角、岩の段差、木の根の張った部分などを利用して、靴底を平坦に置ける足場を選んでゆくと省力化できます。

そういう平坦面がない場合は、斜面に対しフラットに靴底を密着させます。登りなら、

急斜面の登りと下り

①右脚のつま先を外側（V字）に開き、非常に狭い歩幅で踏み出す

②右脚に加重して立ち上がる。左脚も同じようにして踏み出す

①左脚を踏み出す（つま先は前へ向けてもよい）。続いて左脚に加重する

②右脚を踏み出す（つま先は前へ向けてもよい）。腰が引けてしまわないように

つま先を外側（V字）に開くと、靴底をフラットに置くことができます。靴底のフリクションを最大限に生かして、安定した足場を作るわけです。そして、狭く踏み出した前脚の上に腰を移動させ、加重して立ち上がります。

　下りは転倒・滑落事故が起こりやすいので、注意しなくてはなりません。道の状況をよく見て、少しでも有利な足場を選びながら確実に下ります。靴底をフラットに置く場合は、つま先は開かずに、まっすぐ前方に向ければいいです。腰を引かないように注意して、しっかりと前脚の上に加重します。トレッキングポールを使うと、より安定して下れます。

岩場を安全に登り下りする特別な技術

登山ルートの中で難所になっているのが岩場です。ルートの技術グレードは、どれだけ難しい岩場が、どれだけの頻度で出てくるかによって左右されます。★（初級）のルートでも1～2回岩場が出てくるものがありますし、★★（中級）のルートなら数回以上出てくるでしょう。登山をするうえで岩場はとても重要なのです。

岩場のルート内に入ってしまうと、全体がよく見えなくなります。岩場に近づいてゆくときに、岩場全体が見える場所があったら、そこでよく観察します。

①どのラインで登り下りするかを予測します。

②落石の危険な場所はどこかを見ておきます。

どのラインを登るか予測するのは「ルートファインディング」といい、岩登り技術の一つです。本来は岩登りの経験がないとルートもわからないのですが、岩場といっても一般ルートですから、ペンキの目印などでルートがわかるようになっています。

北アルプス・唐松岳（牛首）の稜線の切り立った岩場。
破線は歩くルート。
○印のマークや、岩の変色などでルートを見つけていく

◎ホールドと3点支持の登り方

岩場で手がかり、足がかり、足場にできるものを「ホールド」といいます。

靴で岩場に立つ方法は、靴底全体で岩面や岩角に立つ、靴底のフリクションをきかせて傾いた岩面に立つ、靴底の前半分〜3分の1ぐらいで狭い岩棚に立つ、靴のエッジ（縁）を岩の段差に沿わせて立つ、などがあります。

大きい足場には安定して立てますから、手は岩に触れている程度でもバランスを保てるでしょう。足場が小さくなるにつれて、手の補助が必要になります。

手がかりのとらえ方は、足よりもずっと多様です。大きな岩角をつかむ（ジャグ）、横向きの水平な段差に指先をかけて引く（クリング）、縦向きの岩角を横から引く（サイドプル）、岩面を手のひらで押す（プッシュ）、ほかにもいろいろあります。

これらの方法を使って岩をホールディングします。そして、3本の手足で体を支え、残り1本を順に移動させながら岩を登っていきます。これが「3点支持」の方法です。

岩登り技術は奥が深く、ここでは少ししか説明できません。詳しく知りたい方は、『転倒・滑落しない歩行技術』（野村著、山と溪谷社）などを参照してください。

3点支持の動作

③右足をホールドに乗せて両足で立つ

②左足に加重すると腰が左へ移動する

①両手で岩角をつかみ、左足を上げる

足と手のホールド

フリクションで傾いた岩面に立つ

靴の前3分の1で岩の段差に立つ

靴のエッジを岩の形に合わせて立つ

手のひらに入る大きな岩角を持つ

岩の段差に指先をかけて引く

縦向きの岩角を横から引く

低い位置の岩面を手のひらで押す

鎖とハシゴは特に難しい所にある

岩場の難所に鎖が設置されていれば「鎖場」、ハシゴが設置されていれば「ハシゴ場」です。ガレ場、崩壊地、ときにはふつうの山道に設置されていることもあります。

基本的に、鎖場は鎖がなければ危険すぎる場所に設置されています。ハシゴは、それがないと通過困難な場所に設置されています。登山ルートの中の鎖場、ハシゴ場は、最も注意すべき危険箇所といえます。鎖、ハシゴがあるから安全なのではありません。


鎖場の通過　鎖はバランス補助のためのもので、鎖に体重をかけて登る使い方はしません。岩の足場に立ち、片手で岩のホールドを持ち、片手で鎖を持ちます。そして、3点支持の方法で登り下りします。必要がなければ、鎖を持たなくてもかまいません。

両手で鎖を引っ張るのは、原則としてやってはいけません。どうしても両手でぶら下がるしか方法がないときは、ごく短時間にとどめるようにします。

鎖に両手でしがみつきたくなるのは、よいホールド（足場、手がかり）が見つからない

奥多摩・鋸《のこぎり》尾根にある鎖場

両手でしがみつくと岩にへばりつく
姿勢になってホールドが見えない

鎖はホールドの一つとして持ち、
体重をかけないように使う

場面なのです。つまり、そこで岩場の一番難しい箇所にかかっていることになります。鎖に両手でつかまって体重をかけると、次に足を移動しようとしたときに2点支持になり、体が左右に振られて危険です。初級者のメンバーがそういう状況になりかけていたら、ホールドの位置を指示するなど、何らかの対応をしたほうがいいでしょう。

複数の人が同時に鎖を持つと振られて危険なので、鎖を固定している支点と支点の間に一人だけ入るようにします。後続の人は落石の来ない安全な場所で待ちます。

ハシゴ場の通過

ハシゴは、鎖場よりも急な場所につけられています。踏み外して転落すれば大事故になってしまうのがハシゴ場です。ハシゴの昇り降り自体は難しくありませんが、恐怖感をともないます。

現在のハシゴは、平らなプレートのステップが多くなりました。昔のハシゴは、細く丸い鉄のステップが滑りそうで怖いものでした。靴底の中心（土踏まずの所）か、つま先寄りの広い部分でステップに加重して、静かにゆっくりと昇り降りします。手は縦枠の部分よりも、横のステップを持つほうが安全です。

ハシゴは、その全区間を一人ずつ通過します。これは時間がかかっても守ってください。ハシゴの負荷を少なくするのと、転落したときに巻き込まれる恐れがあるからです。

八ヶ岳連峰・権現岳の長いハシゴ

靴底の中心ないし前半分の部分でステップにまっすぐ立つ

横のステップを握るのが安全

縦枠の部分は滑って体重を支えられない

ガレ場歩きは、すばやく足場を選ぶ目が必要

大小の岩石がガラガラと積み重なった地形をガレ場、またはガレといいます。ガレ場は崩壊した岩石が斜面や平坦地にたまったものです。ガレのもととなる崩壊が発生するのは、岩壁、岩稜などの岩場です。ガレ場は岩場ほど急ではないですが、不安定な岩石が大量にたまっており、岩場と並んでルート上の危険箇所になっています。

ガレ場にはいくつかのタイプがあります。

①砂礫または土砂の斜面の上に岩石が散乱したガレ場。もっともふつうに見られ、急斜面から緩斜面までありまます。急斜面のガレ場は足もとが滑りやすく怖いです。

②急斜面に大きめの岩が積み重なったガレ場。岩場からの落石がたまって、止まっている状態です。斜面の途中に止まったものもあって、落石の危険は大きいです。

③緩斜面や平坦地に大きめの岩が積み重なったガレ場。高山でだけ見られ、大岩がゴロゴロしているので「ゴーロ」と呼ばれます。危険ではないですが、とても歩きにくいです。

崩壊が続いているガレ場には、はっきりと踏み固められた道はありません。しかし、多くの人が踏んで通ったために安定した部分と、そうでない部分を見分けることができます。

そこに注目して、登り下りするラインを自分なりに予想します。

ガレ場の中で、安定した足場として使えるのは、次のようなものです。

・靴底全体がフラットに置ける地面や、ザレ地（細かい砂礫地）
・地面の中に大半が埋まっていて動かない岩の上面、岩の頭や突起
・斜面に止まっているだけだが、すわりがよく動かない岩
・小さめの岩くずが堆積した所（上から全体を踏むと安定する）

ガレ場を歩くには、これらの足場を選んで正確に加重し、それと同時に次の足場を目で見て判断して、次にはその足場へ前脚を踏み出します。

一連の動作は、ふつうに歩く速さの中で行われます。歩き方としてはふつうの山道と同じですが、足場の選び方、浮き石や転倒を誘うものを避けること、一歩ごとに足裏の感覚で足場の安定性を感じ取るなど、歩きながら高度な作業を行っています。

そういう緊張感がないと失敗してしまうのが、ガレ場でもあります。

前脚だけで立つバランスが不安なときは、手がかり（ホールド）を求めますが、ガレ場

ではよいホールドが見つかりにくいです。動きそうな岩や、ぐらついたブッシュ（木枝）に、少しずつ力をかけて使うようにします。下りの場合は、手を使わない場所なら、トレッキングポールを使うとバランスを維持するのが楽になるでしょう。

◎そのほかの障害物などと注意点

落石 岩場、ガレ場、雪渓では落石があります。事故になるのは、多くが登山者の落とす人為落石によるものです。岩場、ガレ場では、つねに落石のくる上方に注意します。

ロープ 古いロープは人間の体重を支えられる保証はありません。片手で持ってバランスを補助する使い方をします。全体重をかけてぶら下がるのは危険です。

桟道 岩場、ガレ場、岨道《そばみち》などに、丸太を組むか鋼材などを渡した道です。けっこう危険な場所に架かっています。古いものは要注意です。かならず一人ずつ渡ります。

橋 平板橋、丸木橋、吊橋などがあります。かならず一人ずつ渡ります。複数の人が同時に渡ると、予測できない振動などが起こって危険です。

木道 環境保護と登山者の安全のために設置されていますが、転倒事故が意外に多い場所でもあります。足元をよく見て、斜めに傾いた部分に乗らないようにしましょう。

丹沢・三ノ塔のガレ場を下るグループ

ガレ場の中の安定した足場

岩の頭に靴底をかける

地面やザレ地（砂礫面）

均一に堆積した岩くず

埋まって動かない岩面

【山歩きの歩行技術⑨】

よいペース、適度な休憩でバテずに歩き続けられる

山歩きは、一定時間を歩いたら休憩し、それを何回か反復して全体のルートを歩き通します。この1単位のことを「ピッチ」といいます。歩いているのを中断して休憩することは「ピッチを切る」です。

ピッチを切って休憩するのは、何のためでしょうか？　正確に考えると、疲れないようにするために、いろいろな調整をするのが休憩の目的です。疲れたから休むのではありません。疲労する手前で休憩し、次のピッチを歩いて、また疲労する手前で休憩します。こうして一日中、あまり疲れることなく山歩きを終えられる、これが理想です。

たとえば、最初のピッチは20～30分で、疲れていなくてもまず休憩します。最初は歩くことに体が慣れていないので、早めの休憩は助かる人が多いでしょう。当日の気温の状態もわかって、ウェアの調整をし、靴ひもを適切なきつさに直すといいでしょう。

2ピッチ目からは、一定時間の歩行後に、短い休憩を入れます。私がこれまで多かった

パターンは「50分歩き、10分休憩」です。この方式はちょうど1時間区切りとなるため、時間の計算上でも何かと便利でした。

歩行ペースは、自分で決められるのなら、歩いているときの感じが「ややきつい」以内にします。これは1章で紹介した「主観的運動強度」です。「ややきつい」と感じる運動強度は、ほとんどの人がバテないで運動を続けられる目安になります。

グループでの登山なら、体力的に一番弱い人が「ややきつい」と感じる程度のペースを維持できれば、終始、楽しく山歩きができるでしょう。しかし、その人が「きつい」と感じるペースで（無理をして）歩いているなら、何かトラブルが起こるかもしれない、危険なペースになっているといえます。

速すぎない適正なペースで歩くには、自分の体の状態をすなおに感じ取ることと、メンバーの状態をよく見ると同時に、適切なコミュニケーションをとることです。

休憩時は、体調を維持し、体力を回復させ、山歩きをうまく進めるために多くのことをします。①水を飲む、②行動食を食べる、③ウェア調節、④地形図確認などです。水は飲みたくならなくても飲み、行動食は空腹でなくても食べたほうが、バテを予防できます。先の行程が登りか下りかによっては、靴ひもを調節する必要もあるでしょう。

グループでは、最も弱い人に合わせる

体力と運動能力、山歩きの経験や習熟度の面で、いっしょに山を歩くメンバーには個人差があります。グループで山歩きをする場合、最も弱いメンバーの体力と技術でも可能なように、すべてを合わせる必要があります。

①最も弱いメンバーが歩けるグレードの山・ルートにする。
②最も弱いメンバーが可能なペース（速さ）で歩く。
③技術的に難しいか危険な場所では、強い人が弱いメンバーをサポートする。

このようなことができるように、グループは集団で行動し、一部の人が離れて別行動をとったりしないことが原則となります。

このなかで難しいのは、歩行ペースを弱いメンバーに合わせることでしょう。

ほかのメンバーはもっとハイペースで歩けるのに、わざわざ遅いペースにしなくてはならないのです。しかし、グループで行くのなら、遅いペースでも十分に楽しめる気持ちを

メンバー構成と列順の考え方

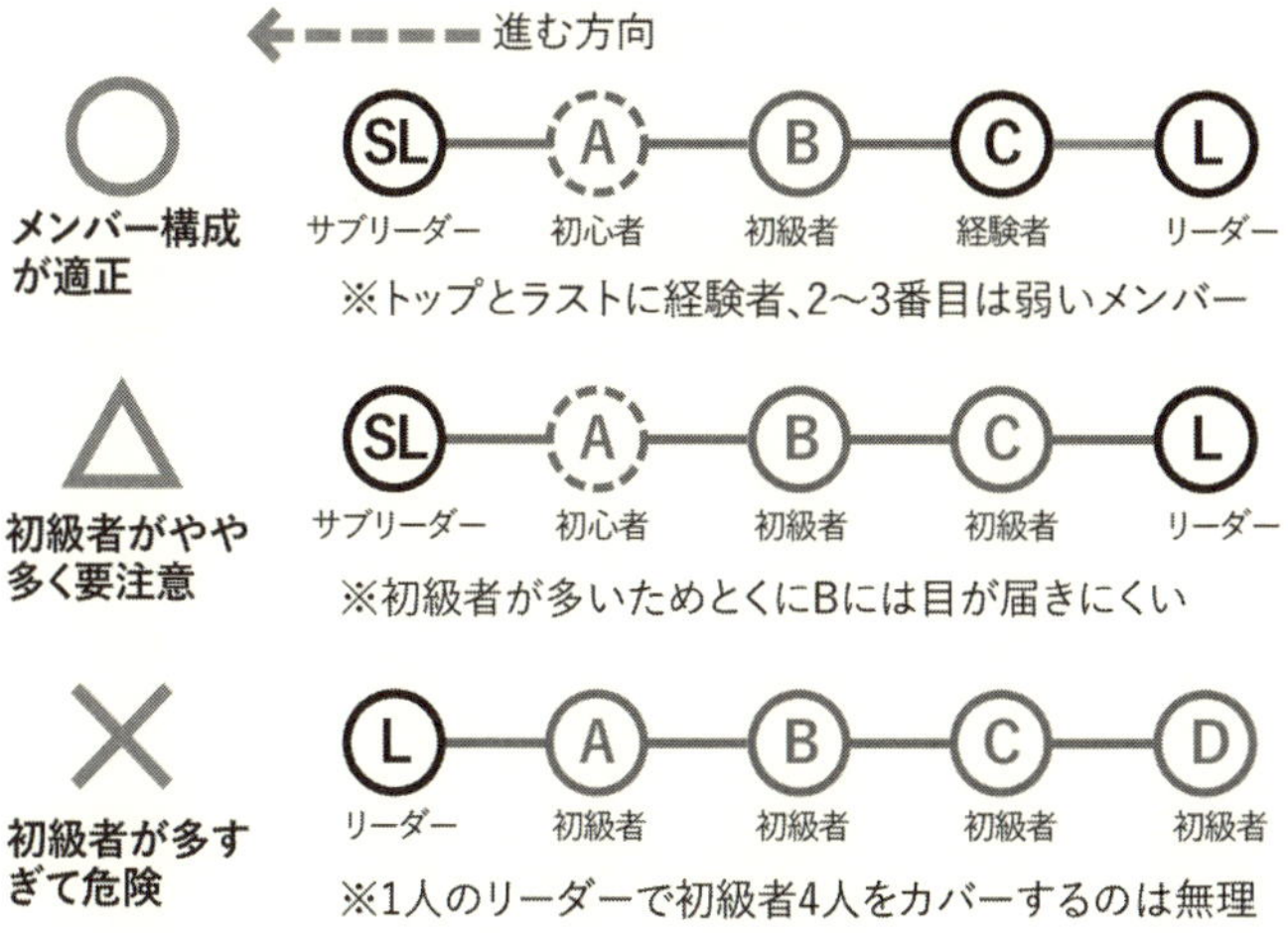

もたなくてはいけません。山歩きはスピードや時間を競うものではないのですから。

メンバーがそれぞれ自由なペースで歩いたら、弱い人は一人だけ離れて、取り残されてしまいます。これは防がなくてはいけませんので、あらかじめオーダー（列の順番）を決めてスタートし、むやみに順番を入れ替えないようにします。

原則は図にあげたような形ですが、実際にはトップとラストだけは固定し、中間のメンバーは流れで入れ替わったりしています。

そして、山の中では一人のメンバーも目が届かなくなることのないように、つねに「全員が見えている」という距離を保ちながら行動することが重要です。

道迷いを防ぐために、地図をちゃんと使いながら歩く

ルートミス、つまり道迷いによって起こる山の遭難は、2017年には全国で1252人にのぼりました。これは全遭難者数の40％を占め、断トツの1位です。

道迷い遭難については、いろいろと説明したいことはありますが、とにかく「道迷いは驚くほどかんたんに起こってしまう！」ことを覚えておいてください。

道迷いを防止するには、ただただ、地図を見て現在地確認を怠らないことに尽きます。これは、とてもかんたんな作業です。地理院地図（地形図）を使いこなすのは難しいですが、登山地図を使った現在地確認は、初級者にもかんたんにできます。

実際に、丹沢表尾根ルートでやってみましょう（192ページのガイドも参照）。各地点で確認した地点名を①に、その先のルート予測（できる範囲でいいです）を②に書きます。

【A】①ヤビツ峠　②林道（車道）を北西方向へ歩く。すぐ右へ青山荘への道が分かれる

【B】①トイレの分岐　②すぐ先で林道から二ノ塔へ登る山道が分かれる

木ノ又大日
1396
新大日
小屋
新大日茶屋
休業中
1209
行者ヶ岳
1188
クサリ通行注意
2:50
922
2:10
桟道
通行注意
970
BOSCOオートキャンプベース
762
春岳山
949
イタツミ尾根
1252
阿夫利
冊子12頁
冊子42頁
1:40
2:20
政次郎尾根
書策新道
通行止
1:25
1:45
トイレあり
烏尾山荘
烏尾山
1136
表尾根
急坂
冊子14頁
三ノ塔
1204.8
二ノ塔
1:15
0:50
護摩屋敷の水
青山荘
トイレあり
0:50
1:10
柏木林道
ヤビツ峠
標高761m
崩壊箇所あり
通行注意
30
25
トイレ
10
1:00
1:05
菩提峠
ゲート
菩提風神祠
899
岳ノ台
2:00
1:20
戸沢山荘
作治小屋
堀山の家
標高570m
三ノ塔尾根
1:20
2:05
冊子38頁
2:00
3:00
新茅山荘
943
堀山
ゲート
[A]
[B]
[C]
[D]
[E]
[F]
[G]
N

[C] ①林道を横切る　②尾根上を登り続けて二ノ塔へ向かう

[D] ①二ノ塔　②少し下り、登り返す。三ノ塔尾根の道が合流すると三ノ塔

[E] ①三ノ塔　②右に曲がって北へ向かい、３００ｍほど進んで左へ曲がる

[F] ①急坂　②下りきって、左へ曲がり、登り返す。この間３００ｍほど

[G] ①烏尾山　②はっきりと右へ曲がり、北北西へ直線的に進む

たとえば、A地点に着いたらまず地図を見て、そこがヤビツ峠であることを確認します。そして、②の内容を地図から読み取って、そのとおりに林道（車道）を進みます。

以下、次々に確認していきます。A～Gで塔ノ岳までの半分ほどの行程です。塔ノ岳まではさらに6地点ほど、大倉尾根の下り区間は8～9地点、合計21～22地点ぐらい確認作業を行うのがいいと思います。山歩き中に、これぐらいは地図を見てください。

登山地図は情報が細かく書かれていますので、現在地の確認がしやすいです。しかし、地理院地図はだいぶ難しくなります。中級レベルといえるかもしれません。

地理院地図は等高線の形から地形を読み取ります。尾根・谷との位置関係や、等高線の数から登り下りの標高差を知ることもできます。左に少し例をあげましたが、登山地図とはかなり様子の違うことがわかると思います。

[A]①ヤビツ峠

②県道（太線）を北西へ歩く。青山荘への道が右に、岳ノ台への道が左に分かれる。

[B]①菩提峠分岐

②富士見山荘の分岐で左に入り、50mで二ノ塔への山道に入る。

[C]①林道を横切る

②尾根上を登る。二ノ塔までの標高差は登り340m。

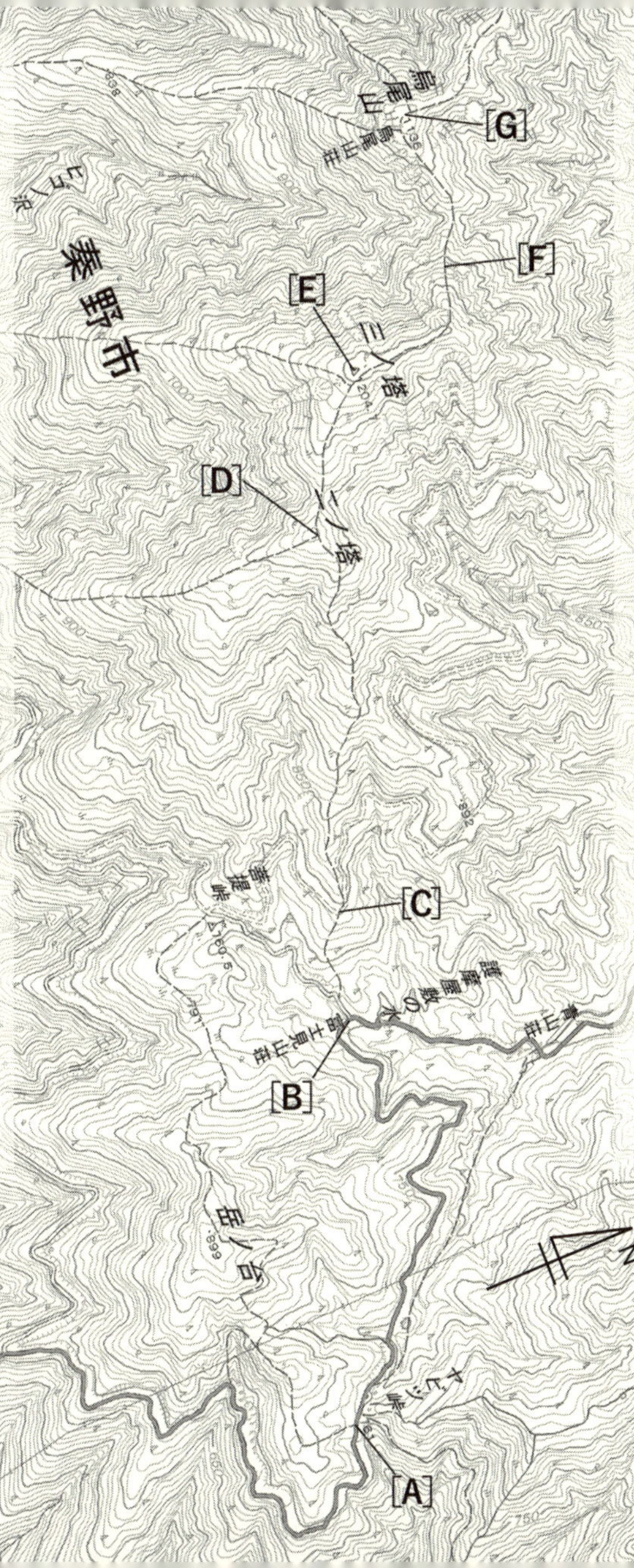

[D]①二ノ塔

②南から尾根道が合流する。標高差20m下り、80m登り返すと三ノ塔に着く。

[E]①三ノ塔

②右へゆるやかに曲がって北方向へ進み、平坦な稜線から左折して下る。

[F]①急坂

②急斜面を下り切ると細い鞍部、70m登り返すと烏尾山荘、続いて烏尾山に着く。

[G]①烏尾山

②山頂近くで右折し北へ向かう。小さいピークを登り下りする稜線となる。

山歩きの技術は危険《リスク》を避けるためにある

この章では、山歩きの技術をピックアップして紹介してきました。ほとんどの項目が、山の遭難事故を防ぐことに関係していることが、感じられたと思います。

ハイキングと山歩きの一番大きな違いは、山歩き（登山）では、遭難事故の危険性がずっと高くなる点にあります。

ウォーキング、ジョギング、ランニングなどのスポーツと登山の違い、また、観光旅行と登山の違いも、やはり遭難事故の危険性という点にあります。

半世紀前の危険な登山とは異なり、現代の山歩きは快適で安全になって、だれもが気軽に参加して楽しめるように思えます。しかし、山歩き（登山）の本質的な部分には、遭難事故の危険性ということが深くかかわっているのです。

現代という時代は、山歩き（登山）という冒険的な遊びに、だれもが参加して楽しめるようになりました。ランニングの分野からも多くの人が登山に参入して、トレイルランニングが流行し、その用具や発想法が登山のほうに影響を与えています。

たとえば、超軽量化したバックパックとローカットシューズで、北アルプスなどの山を歩く（走る？）人が多くなりました。従来の登山理論からいうと、特別に高い身体能力をもった人でないかぎり、このような装備で北アルプス登山はできません。

一方、現代の登山ブームの始まりとなったのは、高尾山登山、富士登山に代表されるような、「観光客の登山参加」の流れでした。こちらでも、従来になかったいろいろな発想法が次々に現れました。山ウェアのファッション化なども、その一つでした。

しかし、いろいろな変化が起こってくるなかで、本来の山歩きの技術が変化したのかというと、ほとんど変わっていないと思います。

山歩きというものは、何事もなく、ただ自然の中を歩くだけの行為が大半であるようにも見えます。しかし、実際には、遭難事故やそれに準ずるアクシデントを避けるために、いろいろなことをやっています。ゆっくり歩く、規則正しく休む、落ちている木を踏まない、というような小さなことにも、遭難事故防止の意味があるのです。

山歩きの本質は、遭難事故が起こるかもしれない点にあります。どのような危険があるのかを知り、それを防ぐという観点から、山歩きの知識と技術を身につけてください。

山の「体力・技術グレード」が、もっと詳しくわかる方法

山の遭難多発に悩む各地の山岳県は、2014年の「信州 山のグレーディング」をかわきりに、次々に自県の登山ルートのグレード表を発表しました。2018年現在、栃木、群馬、新潟、山梨、静岡、長野、岐阜の7県と、「やまがた百名山」、「石鎚山系《いしづちさんけい》」が、同一基準でのグレード表を発表しています。

グレード表の形式も共通です。左下を基点に、上に行くほど体力度（1〜10の10段階）が増します。右に行くほど技術的難易度（A〜Eの5段階）が増します。

長野県のグレード表を見てみましょう。「体力度1／技術的難易度A」のルートは3つあげられ、これは、初めて山歩きをする人が無理なく登れるルートです。コースタイムと登り標高差は次のとおりです（「ルート定数」の順に下から上へ並んでいます）。

北横岳（ロープウェイ）　2・2時間　300m　ルート定数8・4
大渚山《おおなぎやま》（湯峠）　2・3時間　320m　ルート定数8・6

長野県の山のグレード一覧表(部分)

※必要体力レベルについては、鹿屋体育大学 山本正嘉教授の研究成果を元に評価しました。詳しくは長野県山岳総合センターのホームページ

体力度
数字が大きくなるほど体力が必要

技術的難易度
右になるほど難易度が増す

日程	体力度	A	B	C
1~2泊以上が適当	7		51 木曽駒ヶ岳(伊那スキーリゾート) 107 [縦]金峰山・甲武信ヶ岳(廻り目平・毛木平)<十文字峠> 42 真砂岳(高瀬ダム)<湯俣> 30 [縦]燕→常念(中房温泉・一ノ沢) 32 [周]鳴沢岳・スバリ岳・針ノ木岳(扇沢)	4 奥穂高岳(上高地)<
	6		11 鹿島槍ヶ岳(扇沢) 27 [縦]蝶ヶ岳・常念(上高地・一ノ沢)<長塀尾根> 39 船窪岳(七倉) 67 光岳(易老渡) 66 茶臼岳(易老渡)	9 [縦]鹿島・爺(大谷原・ 69 聖岳(聖光小屋) 10 鹿島槍ヶ岳(大谷原) 45 鑓ヶ岳(猿倉)<鑓温泉 55 [縦]木曽駒→空木(千畳敷・駒ヶ 47 空木岳(駒ヶ根高原)
1泊以上が適当	5	90 [周]双子山・大岳・北横岳・縞枯山・茶臼山(大河原峠)	16 北葛岳(七倉) 28 [縦]蝶ヶ岳・常念(三股・一ノ沢) 52 木曽駒ヶ岳(桂小場) 53 木曽駒ヶ岳(コガラ)<木曽福島B> 22 常念岳(三股) 25 白馬岳(栂池) 13 涸沢(上高地) 80 硫黄岳(麦草峠)	50 木曽駒ヶ岳(アルプス 12 霞沢岳(上高地) 91 横岳(稲子湯) 112 佐武流山(ドロノ木平 14 [縦]唐松・五竜(八方池山荘・アル 7 餓鬼岳(白沢登山口) 18 五竜岳(アルプス平駅
	4	56 経ヶ岳(仲仙寺)	121 前掛山(浅間登山口)※1※3 46 蓮華岳(扇沢) 21 常念岳(一ノ沢) 38 針ノ木岳(扇沢) 111 [周]甲武信ヶ岳(毛木平)<甲武信ヶ岳→十文字峠> 20 爺ヶ岳(扇沢) 78 硫黄岳(本沢温泉) 122 前掛山(車坂峠)※1 ※3 19 小蓮華岳(栂池) 31 燕岳(中房温泉) 34 [縦]乗鞍岳(鈴蘭橋・畳平) 61 奥茶臼山(しらびそ峠)※1 29 蝶ヶ岳(三股)	24 白馬岳(猿倉) 74 [周]赤岳・横岳・硫黄(3 烏帽子岳(高瀬ダム)<ブナ 89 天狗岳(本沢温泉) 72 赤岳(杣添登山口) 76 阿弥陀岳(舟山十字路 71 赤岳(美濃戸)<北沢・地 83 権現岳(観音平)
日帰りが可能	3	106 [周]霧ヶ峰(八島湿原)<鷲ヶ峰→蝶々深山・車山肩>	79 硫黄岳(美濃戸)<北沢> 94 四阿山(峰の原) 92 四阿山(菅平牧場)<根子岳> 93 四阿山(鳥居峠) 109 黒姫山(大橋登山口) 49 恵那山(峰越林道ゲート)<広河原登山口> 98 岩菅山(岩菅山登山口) 15 唐松岳(八方池山荘) 108 金峰山(廻り目平) 88 天狗岳(渋ノ湯) 118 苗場山(小赤沢三合目) 8 風吹岳(風吹登山口) 87 天狗岳(唐沢鉱泉)<西尾根> 57 三ノ沢岳(千畳敷) 35 白馬大池(栂池) 104 御嶽山(田の原)※3 77 硫黄岳(桜平) 103 御嶽山(飯森高原駅)※3	105 金山(金山登山口) 73 赤岳(美濃戸)<南沢・ 65 仙丈ヶ岳(北沢峠)※ 75 阿弥陀岳(美濃戸)<南 62 甲斐駒ヶ岳(北沢峠) 95 雨飾山(小谷温泉) 1 有明山(中房)
	2	119 根子岳(菅平牧場) 100 烏帽子岳(地蔵峠) 124 高尾山(表参道) 110 黒斑山(車坂峠)※3 96 [周]荒船山(荒船不動)<艫岩往復> 125 高尾山(琵琶滝)	43 焼岳(新中ノ湯登山口)※3 97 飯縄山(一ノ鳥居苑地) 86 蓼科山(女神茶屋) 99 [周]美ヶ原(三城牧場)<ダテ河原→塩くれ場・広小場> 36 白馬乗鞍岳(栂池) 102 御座山(栗生登山口) 120 根子岳(峰の原) 85 蓼科山(七合目登山口) 84 蓼科山(大河原峠) 54 木曽駒ヶ岳(千畳敷)	
	1	123 湯ノ丸山(地蔵峠) 101 大渚山(湯峠) 81 北横岳(ロープウェイ)		

[凡
( )
< >
縦 →
周
数字

湯ノ丸山（地蔵峠）　2・3時間　410m　ルート定数9・8

「体力度2／技術的難易度A」の枠内には4本のルートと、比較参考として高尾山（東京都）の2ルートもあげられています。だいたいハイキングレベルですが、一部は登り標高差が500mを超えています。2回目以降の山歩きをするのによいルートです。

各県のグレード表の優れている点は、体力グレードをルートデータに基づいて数量的に算出していることです。「ルート定数」というのがそれで、ルート定数10・0までが体力度1、ルート定数20・0までが体力度2となります。

ルート定数は、本書でたびたび登場してきた、山本正嘉さんが考案した式によるものです。ルートの所要時間と距離・登り標高差・下り標高差のデータから算出され、そのルートを歩いたときの体重1kg当たりの消費エネルギー量を表しています。つまり、体力グレードは消費エネルギーの大小によって決まると考えているわけです。

技術グレードのほうも、どういう基準で決められるかが詳しく公開されています。各県ごとにグレード検討委員会を組織して、協議を重ねたうえで決められているようです。

各県が作成・公開しているグレード表は、登山ルートのグレードを調べるうえで、現在のところもっとも信頼できる資料と考えていいでしょう。

ルート定数の式

ルート定数＝コースタイム（時）×1.8
＋ルート全長（km）×0.3
＋登り標高差（km）×10.0＋下り標高差（km）×0.6

技術的難易度の内容

	登山道	技術・能力
A	・概ね整備済 ・転んだ場合でも転落・滑落の可能性は低い ・道迷いの心配は少ない	・登山の装備が必要
B	・沢、崖、場所により雪渓などを通過 ・急な登下降がある ・道が分かりにくい所がある ・転んだ場合に転落・滑落事故につながる場合がある	・登山経験が必要 ・地図読み能力があることが望ましい
C	・ハシゴ・鎖場、また、場所により雪渓や徒渉箇所がある ・ミスをすると転落・滑落などの事故になる場所がある ・案内標識が不十分な箇所も含まれる	・地図読み能力、ハシゴ・鎖場などを通過できる身体能力が必要
D	・厳しい岩稜や不安定なガレ場、ハシゴ・鎖場、藪漕ぎを必要とする箇所、場所により雪渓や徒渉箇所がある ・手を使う急な登下降がある ・ハシゴ・鎖場や案内標識などの人工的な補助は限定的で、転落・滑落の危険箇所が多い	・地図読み能力、岩場、雪渓を安定して通過できるバランス能力や技術が必要 ・ルートファインディングの技術が必要
E	・緊張を強いられる厳しい岩稜の登下降が続き、転落・滑落の危険箇所が連続する ・深い藪漕ぎを必要とする箇所が連続する場合がある	・地図読み能力、岩場、雪渓を安定して通過できるバランス能力や技術が必要 ・ルートファインディングの技術、高度な判断力が必要 ・登山者によってはロープを使わないと危険な場所もある

「振り返る」ことで次がもっと楽しくなる

山歩きをしたあとは、そのときのデータを残して、蓄積していくようにしましょう。山の印象などは思い出に残りますが、もろもろのデータを記憶することはできません。コースタイム、水平距離、登り・下りの累積標高差は、計画を立てるときに調べておきたい項目です。ガイド記事などにこのデータが書かれてあれば助かります。各県のグレード一覧表では、別表としてこれらのデータが公開されています。

水平距離・標高差を自分で出すには、地図アプリを使うのが一番かんたんです。地形図から直接読み取るのは、時間がかかって大変です。

エネルギー消費量(kcal)は、［体重(kg)×行動時間(h)×5］で計算します。

ここでの行動時間は、実際の歩行時間に1時間当たり10分を加えた時間にします。たとえば、左の例では［4時間20分＋40分＝5時間］を、計算上の行動時間としています。「5」は、登り・下り・休憩を平均した山歩きのメッツを表しています。

筑波山　2017年12月3日（日）			
データ	コースタイム	4時間	
	実際の歩行時間	4時間20分	
	水平距離	6.4km	
	累積標高差（登り）	770m	
	累積標高差（下り）	770m	
	登高時メッツ	7メッツ	
	バックパックの重さ	5kg	
	エネルギー消費量	1750kcal	
当日の行程（着／発）	筑波山神社入口	(9:36)	10:00
	中茶屋跡	11:10	11:20
	御幸ヶ原	12:10	12:30
	男体山	12:50	13:00
	御幸ヶ原（昼食）	13:10	14:00
	女体山	14:20	14:40
	弁慶七戻石	15:10	—
	筑波山神社入口	16:10	
体の状態	・御幸ヶ原までの急坂でバテて、後半は休み休みになる ・帰宅後、脚全体にひどい筋肉痛が出た ・登りに弱い。脚筋力のトレーニングが必要		
反省点	・出発時刻が1時間遅れて10時になってしまった ・御幸ヶ原までコースタイムで歩けず（25分オーバー） ・御幸ヶ原到着後の休憩が無駄に長すぎた ・女体山からの下りで日暮れの時間が迫って、休憩がとれなくなってしまった（この時期、16時を回ると暗くなり、16時30分には歩行困難になる）		

コースガイド⑤

筑波山（茨城県、876m）

——関東平野と富士山を見はるかす大展望

筑波《つくば》山は関東平野に浮き島のように突き出している名山です。古くから「西の富士、東の筑波」と関東地方の人々に親しまれてきました。南側から望むと、左に男体山《なんたいさん》、右に女体山《によたいさん》と2つのピークがあって、このような山を「双耳峰《そうじほう》」といいます。

男岳にはケーブルカーが、女岳にはロープウェイが架かっているため、運動靴姿の旅行客も訪れる山です。しかし、これらを使わずにふもとの筑波山神社から登れば、かなり登りでがあります。苦しい登りのあとには、関東平野から太平洋、富士山までの大展望が待っています。小さい山ですが、山登りの楽しさ（苦しさ？）が十分に味わえます。

遅くとも9時には出発したいものです。ガマの油で有名な筑波山神社の境内を通って登ります。お参りをして、上に抜けるとケーブルの宮脇駅です。ひと息入れましょう。

ここからは、ケーブルに沿ってかなりの急坂を登っていきます。「疲れないペースの作り方」のよい練習になるでしょう。標高差300mほどを一気に登ると、左側斜面へのト

男体山から東京方面の展望。スカイツリーが目立っている

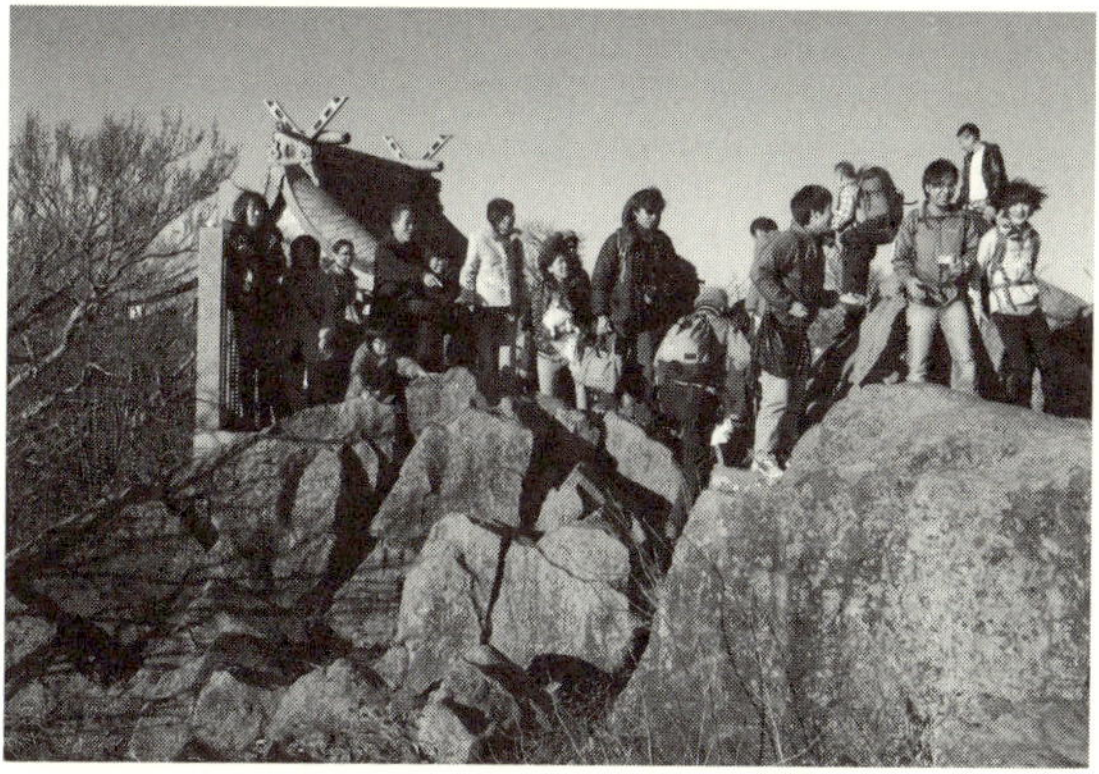

ハイカーでにぎわう女体山頂上

コースタイム	ルート距離	登り標高差	下り標高差	ルート定数
4.0時間	6.4km	770m	770m	17.3

ラバース（横巻いて進む）をして、男女《おな》川源流に出ます。さらに標高差150mほどを登り続けると、ようやく御幸《みゆき》ヶ原の広場に出て展望が開けます。

もっとすばらしい展望が頂上からも見られますので、まず、男体山を往復します。関東平野に面した男体山は、東京方面から丹沢・富士山方面の眺望が見事です。

御幸ヶ原に戻って、電波塔と奇岩やブナ林もあるゆるやかな稜線を女体山へ向かいます。最高峰の女体山頂上には大きな岩場があって、多くの人が休んでいます。ここでも360度の眺望が広がり、眼下に霞ヶ浦の湖面が光っています。

女体山からは白雲橋コースを下ります。雰囲気のよい樹林帯の中に、巨岩、奇岩が次々に現れる楽しい道です。弁慶七戻石《べんけいななもどりいし》を過ぎた分岐（弁慶茶屋跡）で、左にロープウェイ駅へ下るおたつ石コースを分けて、右に入ります。雑木林から深い照葉樹林へと林相が変化していきます。小石を積み上げた白蛇弁天《はくじゃべんてん》の祠《ほこら》が現れると、まもなく集落に出て、小沢を渡り、筑波山神社に戻ります。

《参考タイム》　筑波山神社入口→（55分）→中茶屋跡→（50分）→御幸ヶ原→（15分）→男体山→（10分）→御幸ヶ原→（20分）→女体山→（30分）→弁慶七戻石→（1時間）→筑波山神社

［歩行合計　4時間］

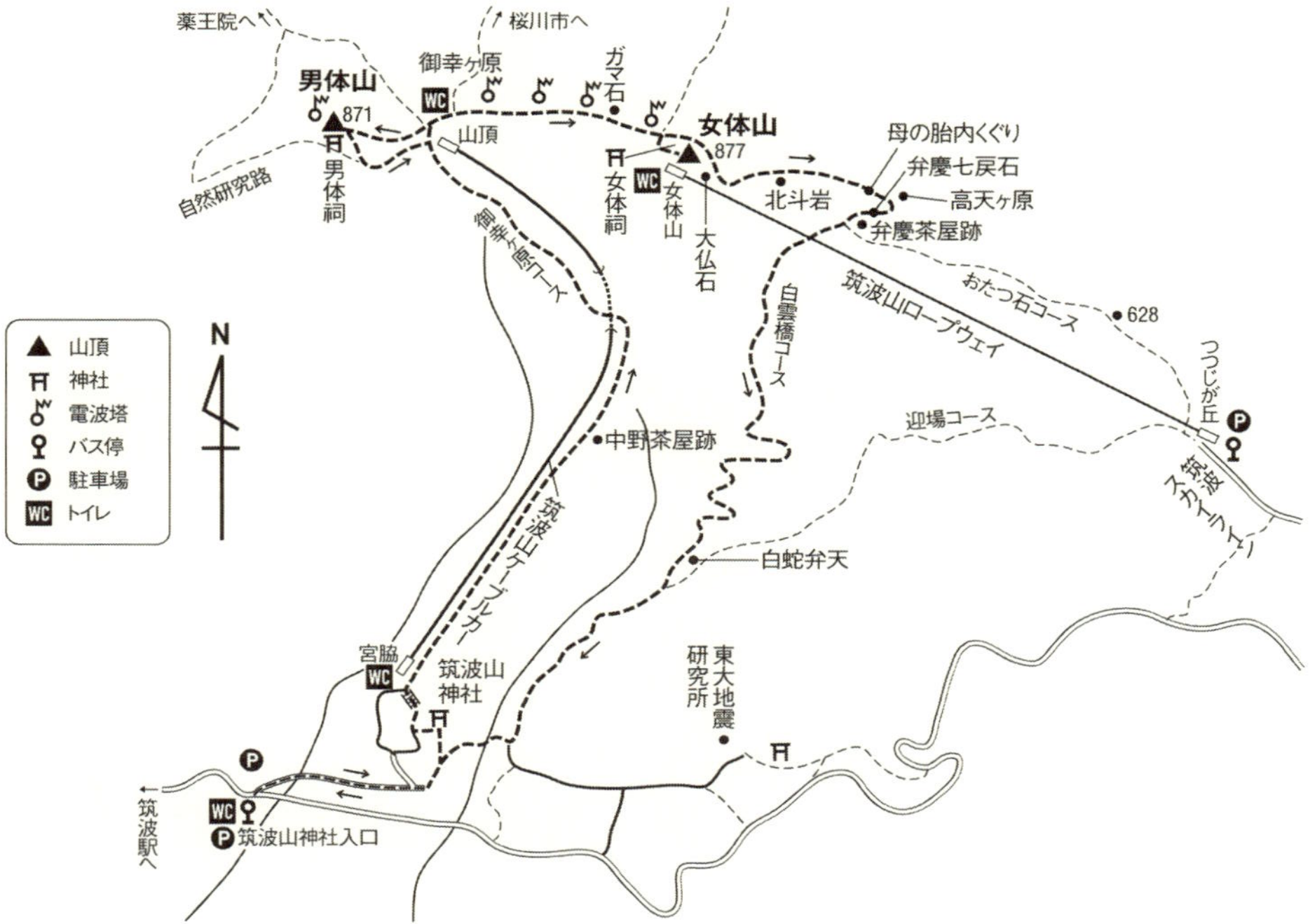

薬王院へ
桜川市へ
御幸ヶ原
ガマ石
男体山
871
山頂
男体祠
自然研究路
女体山
877
女体祠
女体山
大仏石
母の胎内くぐり
弁慶七戻石
高天ヶ原
弁慶茶屋跡
北斗岩
御幸ヶ原コース
白雲橋コース
筑波山ロープウェイ
おたつ石コース
628
つつじが丘
筑波スカイライン
迎場コース
中野茶屋跡
筑波山ケーブルカー
白蛇弁天
宮脇
筑波山神社
東大地震研究所
筑波駅へ
筑波山神社入口
N
山頂
神社
電波塔
バス停
駐車場
WC
トイレ

コース
ガイド ⑥

丹沢表尾根から塔ノ岳（神奈川県、１４９１ｍ）

――時間配分が難しい〝初級卒業〟のテストルート

丹沢《たんざわ》は神奈川県最大の山地で、最高峰は蛭《ひる》ヶ岳《たけ》（１６７３ｍ）です。塔ノ岳は丹沢の一番南にあって、相模湾からの海風を直接受ける位置にあります。交通の便もよく「表丹沢」といわれ、登る人がもっとも多いエリアです。

表尾根は、丹沢の登山者が一度は登るという、有名かつ人気の高いルートです。位置づけとしては「丹沢入門」ですが、登り標高差１０８０ｍ、コースタイムは7時間20分もあります。

このルートをトラブルなく順調に歩けたら、初級レベル卒業といえるでしょう。

まず、出発時刻が問題です。

朝一番のバスは8時35分ごろヤビツ峠に着きます。9時ごろスタートとなりますが、ルートが長いので、できれば8時発にしたいです。タクシーを使うか、マイカーを菩提峠に駐車して、表尾根の往復に変更するかです。9時発になってしまう場合は、昼食時間をカ

三ノ塔から表尾根と塔ノ岳。海からの気流がぶつかって雲がわく

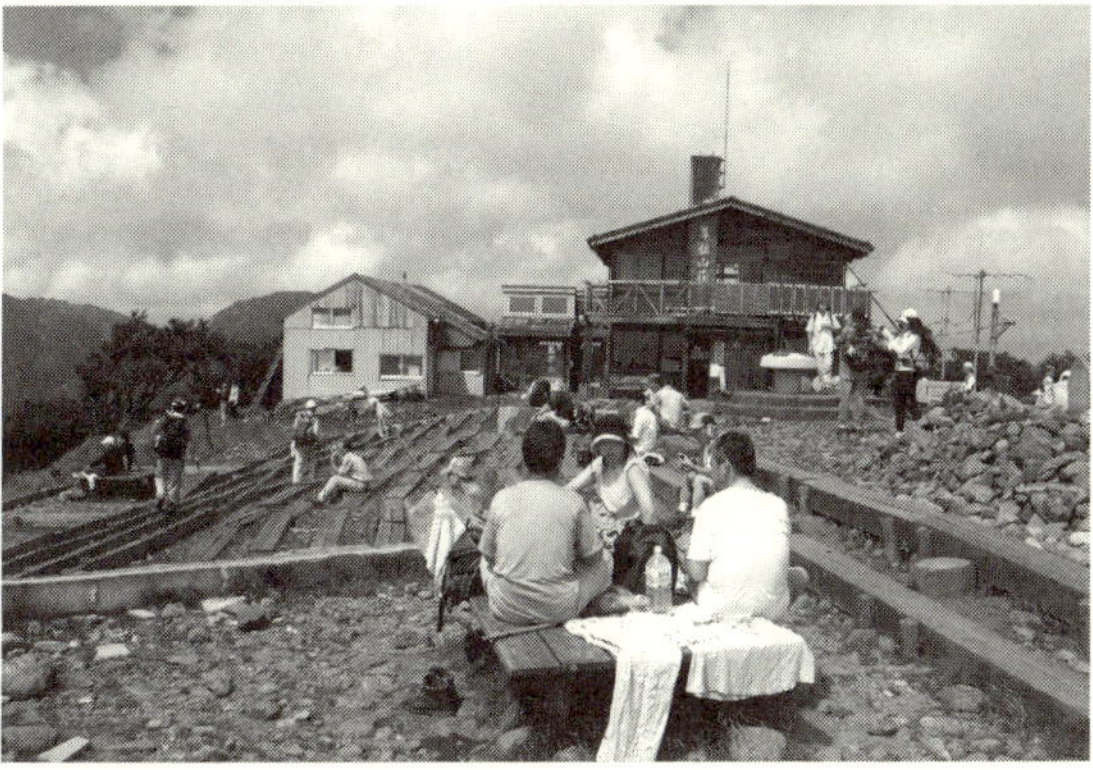

尊仏山荘が立つ塔ノ岳山頂

コースタイム	ルート距離	登り標高差	下り標高差	ルート定数
7.3時間	15.4km	1080m	1200m	29.3

ットして、行動食形式にすることをおすすめします。

ヤビツ峠から車道を25分歩き、トイレを過ぎた先で山道へ入ります。

二ノ塔まで1時間余りの登りですが、ここをコースタイムどおりに歩ければ、まずはひと安心です。

二ノ塔からは、少しの登りで三ノ塔です。難所の一つである急傾斜のガレ場を慎重に下り、登り返すと、静かな雰囲気のある烏尾山《からすお》のピークに着きます。ここは表尾根の中間地点で、お昼休みにするならこのへんがいいでしょう。

ここからは、小さなピークを次々に越えていきます。変化があって楽しい所です。行者ヶ岳の先に20mほどの鎖場があり、続いて桟道のかかった巨大な崩壊地が現れます。

新大日、木ノ又大日に、つつましい小屋があり、しだいに緑が濃くなってきます。

最後に標高差80mほどの斜面を登りきると塔ノ岳に出ます。尊仏《そんぶつ》山荘の前に多くの人が憩い、箱根、富士山、相模湾、横浜・湘南方面の市街と、すばらしい展望が広がっています。

大倉尾根の下りは2時間40分かかります。季節にもよりますが、14時台に下り始めたいところです。15時過ぎの出発だと途中で暗くなるかもしれません。

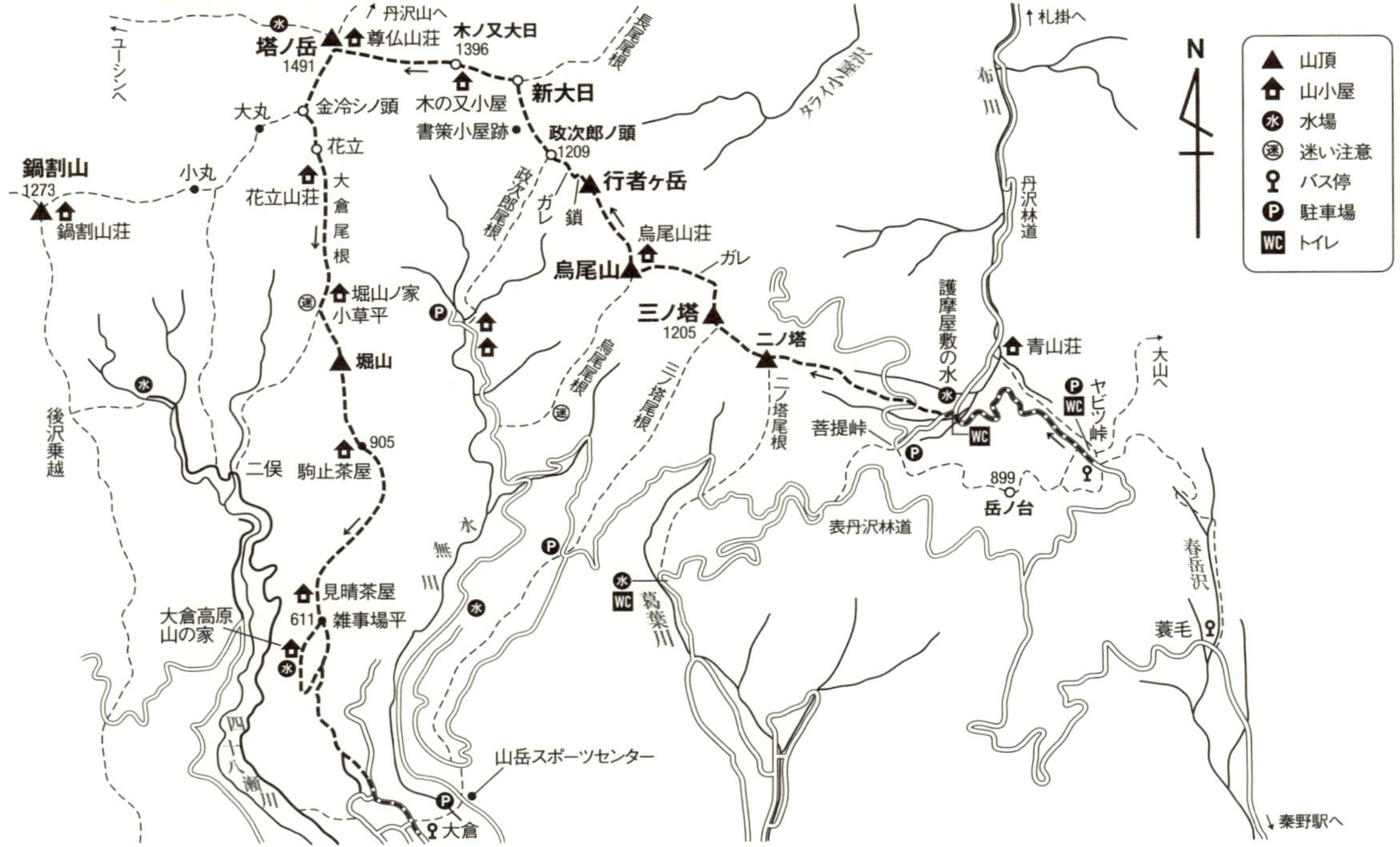
丹沢山へ
ユーシンへ
塔ノ岳
1491
尊仏山荘
木ノ又大日
1396
木の又小屋
新大日
金冷シノ頭
大丸
書策小屋跡
政次郎ノ頭
1209
花立
小丸
鍋割山
1273
鍋割山荘
花立山荘
大倉尾根
長尾尾根
タライ小屋沢
札掛へ
布川
丹沢林道
行者ヶ岳
政次郎尾根
ガレ
鎖
烏尾山荘
烏尾山
ガレ
三ノ塔
1205
二ノ塔
堀山ノ家
小草平
堀山
烏尾尾根
三ノ塔尾根
二ノ塔尾根
護摩屋敷の水
青山荘
大山へ
ヤビツ峠
菩提峠
後沢乗越
二俣
905
駒止茶屋
899
岳ノ台
表丹沢林道
水無川
見晴茶屋
611
雑事場平
大倉高原山の家
葛葉川
春岳沢
蓑毛
四十八瀬川
山岳スポーツセンター
大倉
秦野駅へ
N
山頂
山小屋
水場
迷い注意
バス停
駐車場
トイレ

下りは事故が多いですし、膝を痛めるのも下りです。時間の余裕をもってゆっくりと下ってください。

《参考タイム》　ヤビツ峠→（25分）→札掛分岐→（1時間35分）→三ノ塔→（30分）→烏尾山→（50分）→政次郎ノ頭→（30分）→新大日→（50分）→塔ノ岳→（1時間20分）→堀山ノ家→（1時間20分）→大倉　［歩行合計 7時間20分］

6章

トラブルになる人、ならない人の違い

自分の体力を考えず、勢いにまかせて歩くと……

山歩きは安定したペースで一日中歩かなくてはなりません。短時間で疲れてしまうような歩き方をすると、いろいろと困ったことが起こってきます。

「がんばって」歩いた結果、休憩しても回復できないほど疲れてしまうと、次のピッチもがんばって歩くことになり、疲労の度が増していき、やがては行動不可能になってしまいます。それで〝遭難〟して、救助隊に助けを求めるケースも起こっています。

山歩きの経験の浅い人が一人で、自由なペースで山を歩くと、オーバーペースになりがちです。とくに傾斜のきつい登り坂であるほど、一気に終わらせてしまいたい気持ちになって、つい「がんばって」しまうのでしょう。

一度これをやってしまうと、次の休憩は休みすぎてしまい、元どおりには体力が回復しないばかりか、歩行と休憩のリズムが崩れてしまいます。その結果、予定していた時間がズルズルと遅れるなど、山歩きそのものが危うくなることもあります。

1章で、主観的運動強度のお話をしました。言葉は少し難しいですが、歩いているときの自分自身の「きつさの感覚」から、運動強度を推しはかることをいいます。

主観的運動強度が「きつい」と感じる手前なら、人間はバテません。「ややきつい」から「きつい」の手前までは、トレーニングの運動強度にあたります。さらに「楽」ないし「かなり楽」までペースを落とすと、自分の体力の範囲内でゆっくりと歩けます。

このような主観的運動強度は、じつは筋疲労の原因物質である乳酸値と密接にかかわっているそうです。「きつい」と感じるポイントを境にして、ペースが速くなるほど、乳酸値も急激に増加していくことが実験で確認されています。

私たちが、自分のバテるポイントを知るためには、心拍数（脈拍数）を数えればいいのです。何かの機会に坂道や階段を歩いて実験をして、「楽」、「ややきつい」、「きつい」と感じるときの心拍数を数えて記録しておきます。そして、山では「きつい」の心拍数にならない範囲内で歩いていればいいのです。

それにしても、なぜ、そんなに勢いよくペースを上げて歩くのでしょうか？

せっかく急ぐことを強要されない山に来ているのですから、もっとゆっくりと流れる時間を楽しむほうが幸せではないかと思います。

メンバーがバラバラになる歩き方をしていると……

メンバーがバラバラになって、一部の人が行方不明になるという道迷い遭難のパターンは、よく起こっています。「はぐれ道迷い」です。

前の章で、「道迷いは驚くほどかんたんに起こってしまう!」と言いました。グループからはぐれてしまうのは、たいていは、その中で「弱い人」です。歩いているルートの内容をしっかりと把握できていないかもしれません。

ルートの内容をよく理解していなかったり、地図で現在地の確認をしていなかったら、その人はかんたんに迷ってしまいます。山は迷いやすい場所なのです。

グループで山歩きをするときは、そのグループをまとめられるリーダーが必要です。各個人は歩く能力に個人差がありますから、それぞれが自由に歩いたら、メンバーはまとまらずバラバラになってしまいます。そうしないためには、列の順番を決めて、先頭とラストの人が歩くペースをコントロールします。

通常なら、サブリーダーがトップで歩くペースをつくります。リーダーはラストで全体を見ながら、必要なときにはトップに指示を送ります。このとき、最も弱いメンバーを2番手にするのがいいです。そうすると、ペースをつくるサブリーダーは、2番手のメンバーが離れない速さで歩けばいいからです。トップの人は2番手のメンバーをよく観察しながら、その人が「ややきつい」ぐらいのペースで歩くのです。

そのほかのメンバーにとっては、少々遅すぎるぐらいになるでしょうが、そうするのが安全な山の歩き方だということを、全員が理解していなくてはなりません。

もちろん「弱い人」にも責任はありますが、それは、がんばって（無理をして）全体のペースについていくことではありません。本書でくり返し述べてきたように、そのルートを歩ける体力・脚筋力が自分にあるかどうか、よく考えたうえで参加を決めることです。グループで山歩きをする場合でも、参加者全員が、個々にルートの情報やデータを調べて理解しておくべきなのは、言うまでもありません。

最近は、インターネットで募集した初対面のグループで山歩きをするとか。こういう集まり方だと、「世話役」はいても、メンバーから信頼されるリーダー役はできないのではないでしょうか。まさにバラバラな歩き方になるのではと、心配になります。

悪天候なのに強引に突っ込んでしまうと……

この本は、日帰りから1泊までの山歩きを対象にしていますので、悪天候への対応の仕方はあまりテーマにはなりません。日帰り〜1泊の場合は、悪天候になったら山歩きを中止して下山します。また、出発前に悪天候になることが予想できたら、山歩き計画そのものを中止するか、延期します。

天気の悪いときに、山歩きは基本的にやりません。何も見えませんし、転倒・滑落の危険は高いし、レインウェアを着てもいくらかは濡れて寒いしで、いいことがありません。

それでも、どうしても予定のルートへ行こうとする人は、山歩き本来の楽しさではなしに、別の理由があるのだと思います。

①とにかく「登頂した」という事実がほしい人

なかなか来られない遠方の山なので、どうしてもその日に登りたい、という人がいます。気持ちはわからなくもないですが、安全よりも山の登頂のほうを優先するとなると、完全に本末転倒です。日本百名山のコレクションとか、「○○山百回登頂」とか、コレクター志向にはまると、しばしば危ない道へ踏み込みがちです。

②リーダーが雨天決行を決めた場合

ベテランで百戦錬磨というような勇ましいリーダーが、グループの行動として雨天決行を決めるケース。リーダーとしてそう判断した理由を聞いたうえで、納得できなかったら従うことはありません。グループから離脱して下山しましょう。

③ツアー登山、ガイド登山の場合

ビジネス上の理由から、予定通りにプランを終わらせたいという都合もあるでしょう。しかし、信頼できるツアー会社や山岳ガイドなら、気象情報を事前に把握して適切な対応をとるはずです。悪天候になって下山するのでなく、逆に、登頂に向かわせるケースは、疑いをもっていいと思います。

悪天候が原因となって起こる遭難は、「気象遭難」といいますが、これまで何度もくり返されてきました。社会を揺るがした大規模な気象遭難も、リーダーの判断ミス、ツアーリーダーやガイドの判断ミスで起こった例が多くあります。

悪天候なら山歩きはやめる――それが、一番正しいのです。

道に迷ったとき、引き返さずに進んでしまうと……

道迷い遭難は、山の遭難のうち大きな部分を占めています。おどかすようですが、山歩きを続けていると、いずれ一度は体験するのが道迷いです。「道に迷ったら引き返す」というのを、セオリーとして覚えておいてください。

道に迷ったとき、先へ進んだらどうなるでしょうか？　道迷いは進めば進むほど深みにはまります。そして、抜け出すことが難しくなります。

山道の上にいる場合には、そこがどこなのか、まったくわからなくなります。山道から外れた場合は道のない場所を進むことになり、尾根筋に沿って進むか、沢筋に引き込まれるかです。尾根は末端で沢に面した断崖や、道路ののり面にはばまれることがあります。

沢の場合、そこを下ることは、かなり危険をともないます。途中に、滝、廊下《ろうか》（ゴルジュといいます）などの岩場や、草付や灌木帯の急斜面のように、転落・滑落をさそう多くの危険箇所が、沢にはあるからです。

道に迷った人が、死亡または重傷事故を起こすのは、2つの場合です。

①滑落して負傷し、動けなくなる（発見されなければ死亡する）

②迷い込んだ場所で、低体温症または衰弱して死亡する

道迷い遭難の事例を調べると、遭難者が信じられないほど長い距離を移動していて、もとの位置から遠く離れた場所で遺体が発見された、という事例があります。この人は、助かろうとして、体力の続くかぎり前へ進み続けたのでしょう。

道に迷ったとき、引き返すということは、もといた場所へ近づくことを意味します。引き返すタイミングは早ければ早いほどいいです。「おかしいな……」と思ったら、すぐ引き返せる人になりましょう。

道迷いの対策として、スマートフォンの地図アプリなどで現在地を表示させる方法と、現在地の緯度・経度の数値を表示させる方法を調べて、練習してみてください。

道に迷ったときに、スマートフォンの地図アプリで現在地を表示させると、現在地がすぐに確認できます（事前に地図をダウンロードしておくなどの準備が必要です）。また、警察・消防などに遭難救助の要請をするときに、緯度・経度の数値を口頭で伝えれば、どこにいるか、相手に確実に伝えることができます。

膝痛の原因は脚筋力不足での山歩き

山歩きは、とくに下りのときに膝に大きな負担がかかります。下りで前脚を着地したときに受ける衝撃の大きさは、体重＋荷物の重量の2倍以上といわれます。

膝関節には軟骨や靭帯《じんたい》などのデリケートな組織が集まって、複雑な動きができるようになっています。そこに大腿《だいたい》部の筋肉が包み込むようにつながって、膝の曲げ伸ばしをすると同時に、関節の動きを安定させる働きをしています。

下りのときに、私たちは後脚の筋肉で体重を支えながら前脚を出し、着地させて体重移動をします。このときに、着地した前脚の筋肉が加重をしっかりと受け止めることによって、膝関節は強い衝撃から守られているのです。

問題は、この運動が長く続くことです。下りでも脚の筋肉は疲労しますが、登りと違って疲労がなかなか自覚できません。しかし、脚の筋肉は確実に疲労して弱っていき、それとともに膝関節へ伝わる衝撃が増していって、ついに膝痛が出てしまうわけです。

ふだんの生活でも膝痛がある人は、整形外科で診てもらう必要があります。山歩きのときだけ膝痛が出るという場合には、解決方法は2つの面から考えられます。

①脚筋力のトレーニングをする

時間がかかりますが、これが根本的な解決方法です。ただし、膝が痛いときは無理にやらないでください。スクワット運動は、膝関節を守るのに重要な大腿四頭筋（太もも）とハムストリングス（太ももの裏側）の両方を強化できます。同時にストレッチングも行って、筋肉の柔軟性をよくすると、膝痛は出にくくなります。

②正しいフォームで下る

下りで着地のときに膝関節を左右にぐらつかせず、脚を運ぶときにも、膝・脚とも前後にだけ動かすようにします。ただし、膝関節を伸ばし切った状態で加重を受け止めてしまうと、関節を痛める危険があるので注意してください。下りのときに両手でトレッキングポールを使うと、補助としてとても有効です。

また、膝痛を予防する用具として、トレッキングシューズのインソール（中敷き）、膝サポーター、サポートタイツ、膝痛予防用のテーピングも有効です。ただし、これらは一時的な方法で、根本的な解決方法は脚筋力を強化することです。

腰痛は「体幹トレーニング」で改善できる

中高年登山者が山で遭う身体トラブルのうち、膝痛と腰痛は特別な悩ましさがあります。どちらも持病になって長く苦しめられることが多く、痛んでいる間は山歩きに出かけられません。症状が収まって山に行っても、再発を心配することになるのです。

膝痛と腰痛は、登山経験に関係なく、ビギナーもベテランも悩まされます。上級者や山岳ガイドでさえも、膝痛、腰痛の人が多くいます。

中高年登山者の身体トラブルのトップは、筋肉痛、「下りで脚がガクガク」、膝痛で、この3つは断トツに多いです。次に「登りで息が苦しい」です。これらは脚筋力・心肺能力不足が原因ですが、膝痛以外は、山歩きの経験を重ねるにつれて解消されるものです。

膝痛・腰痛は、山歩きの技術や経験では解決できません。登山という強度の高い運動によって関節が痛んでいるので、関節を守る筋肉を強化してやらなければなりません。

腰痛への対策も、前に述べた膝痛と同じになります。

①腹筋と背筋のトレーニングをする

腹筋群を鍛えるには、「上体起こし運動」がいいです。床に座って膝を90度に曲げ、背中を丸めるようにして起こします。悪い姿勢で行うと腰を痛めるので注意します。両脚または片脚ずつ床から上げて前後左右に動かす「脚上げ運動」も、腹筋群を強化できます。

②腰を痛めないフォームで歩く

背骨が丸くなった「猫背姿勢」や、背骨が湾曲した「そり腰姿勢」にならないようにします。頭―背中―腰―足のラインを1本の軸と意識して、まっすぐに立つようにします。

腰を楽にしてくれる用具としては、腰までおおうサポートタイツや、腰ベルトがあります。腰痛が出ると山歩きが続けられなくなってしまいますので、腰痛の発作が心配なときには、これらの用具を予防用として装着して山に出かけるといいでしょう。

本書ではあまり関係ありませんが、極度に重いバックパックを背負うときに腰を痛める危険があります。パックを一度台の上に乗せるか、自分の膝の上に乗せてから、ショルダーベルトに肩を入れて背負うようにすると安全です。

じつは私も腰痛持ちです。20代のときに体に負担のかかる山歩きをして、何度かギックリ腰を起こしました。そのときの傷が完治しないのだと思っています。

体力不足・筋力不足からくる「足」のトラブル

山歩きは脚を酷使しますので、さまざまな足・脚のトラブルも起こります。

靴ずれや足のマメはトレッキングシューズが合っていない可能性がありますし、歩行技術のミスのために足首をねんざすることがあります。脚の筋肉がけいれんすることも、中高年登山者にはとくに多いトラブルです。

靴ずれ・足のマメ

靴のサイズが合っていなかったり、靴の中で足が動いてこすれるために起こります。多いのはかかと、くるぶし、足裏などです。対策としては、靴を購入するとき、ていねいに試しばきをすること、速乾性の良質のソックスをはくことです。

足の皮膚がヒリヒリして靴ずれになりそうだったら、テーピングテープを貼ると防止できることがあります。また、靴ずれ・マメ専用のシートやパッドもあります。

マメができてしまったら、小さいものは上からガーゼかテープを貼ります。大きいものは熱した針で水疱《すいほう》を突いて水を出し、その上からガーゼかテープを貼ります。

足首のねんざ

ねんざは関節が強い力を受けてずれ、靭帯が伸びた状態です。患部を正しく固定すれば、自力で下山できる場合もあります。一番多いのは足首のねんざで、なかでも内側にひねったものが多いです。テーピングは、ひねった方向と逆のほうに固定します。足首や膝専用の固定テープもあります（商品名「足首かんたん」など）。

ねんざの原因は、不注意、疲労、集中力低下などが考えられます。ローカットシューズや、柔軟なタイプのトレッキングシューズは、足首の固定が弱いため、岩場、ガレ場、急斜面などでは、転倒やねんざの危険性が高くなります。

筋肉のけいれん

山歩きで多いのは脚のけいれんです。ふくらはぎ、太もも、太ももの内側、足裏などがつることが多いです。筋肉に乳酸が蓄積し、血液の循環が悪くなって代謝がうまく働かなくなっていると考えられます。共通している特徴は、脚筋力が弱い初級者や、脚が弱っている中高年登山者などに出やすいということです。

予防策として、脚部を冷やさない服装、出発前や休憩時のストレッチ、スポーツドリンクなど塩分を含んだ水分摂取を心がけます。漢方薬の「芍薬甘草湯《しゃくやくかんぞうとう》」は効果があります。

脚の筋肉がけいれんして歩けなくなったら、足首をつかんで、足の指先を体のほうへ押して患部を伸ばすようにします。けいれんが収まるまで押し続けます。

水を十分に飲まないと脱水症でバテる

山歩き中は汗をかくほかに、呼吸や皮膚からの発散でも多量の水分が失われています。十分に水を飲まないと、脱水状態になっていろいろと悪い影響が起こってきます。

まず、疲労です。脱水量は体重の2％までは影響が少ないといわれます。脱水量が3％でのどの渇きや食欲不振、4％で疲労困憊《こんぱい》となります。

血液中の水分量が減ることによって血圧が低下し、筋肉に届く血液量が減るために、酸素やエネルギーも行き届かず、運動能力が落ちてしまいます。また、血液量が減ると、心臓は正常な血液量を補おうとして心拍数が増加します。これは心臓に負担をかけることになります。血液中の水分量が減ってドロドロ化することと合わせて、もっとも恐ろしい脳梗塞、心筋梗塞のリスクが高まることになります。

脱水になると、運動の制御能力が低下するともいわれます。集中力、注意力、記憶力も低下して、このことが転倒事故や道迷いの原因になっているという説もあります。

山歩き中にどれぐらい脱水が起こっているのでしょうか。

山本正嘉さんは、いろいろな実験と研究の結果、脱水量を推定する式を作成しました。山歩きでどれだけ水を持っていくかを考えるとき、この式はとても役に立ちます。

式の意味は「平均して体重1kg当たり毎時5mℓの脱水が起こる」となります。これは暑くない季節を想定したものです。真夏などは気温によって、係数を6～8に上げて計算します。

たとえば、丹沢（192ページ）の例で計算してみましょう。体重は70kgとします。行動時間はコースタイム7時間20分に1時間当たり10分を加えて、8・5時間となります。

［70kg×8・5時間×5mℓ＝2975mℓ］

体重の2％までは許容範囲と考えられますので、ここから1400mℓ（体重70kg×2％）を引いて、約1500mℓが最低限必要な水分量となります。1ℓの水筒と、スポーツドリンク500mℓを持てばいいでしょう。

山歩き中の脱水量の推定式（山本、2012）

行動中の脱水量（mℓ）
＝体重（kg）×行動時間（h）×5（mℓ）

・暑くない時期、軽装、整備された登山道、標準的なペースを想定
・荷物の重さは含めない
・1時間に10分程度の休憩を含むものとする

熱中症に高齢者や子どもは特に注意

人間の体は、体温が上がると汗が出たり、皮膚温度が上昇して熱を外へ逃がし、体温を一定の範囲内に保っています。ところが、いろいろな要因から体温調節機能が追いつかず、体内に熱がたまって異常をきたした状態が熱中症です。

熱中症を引き起こす要因は、もちろん第一に高温・高湿度ですが、風が弱い、日差しが強い、激しい運動、長時間の屋外作業、水分補給が自由にできない、などが関係します。山歩き（登山）は多くの点で、熱中症を起こしやすい要因に当てはまります。

熱中症は、重症度によって3段階に分類されています。

Ⅰ度（軽症）は、立ちくらみ（めまい）や失神、筋肉のけいれんを起こしたり、気分が悪くなったりします。従来から「熱失神」、「熱けいれん」と呼ばれていたものです。熱中症の初期のサインなので、応急処置をして、悪化しないように見守ります。

Ⅱ度（中等症）は、頭痛、吐き気、嘔吐《おうと》、倦怠感、虚脱感があり、軽い意識障害も見られることがあります。「熱疲労」と呼ばれていたものです。少しでも意識がおかしい場合は、病院へ搬送してもらわなくてはならないので、救助要請をします。

Ⅲ度（重傷）は、Ⅱ度の症状に加えて、意識障害、全身けいれん、手足の運動障害が見られ、体に触れると熱く感じます。「熱射病」にあたります。すぐに入院して集中治療の必要がある状態です。この段階になる前に病院へ搬送してもらうことが重要です。

Ⅰ度の段階では、風通しのよい涼しい場所で安静にし、水分（可能なら塩分も）をとってもらい、衣服をゆるめて風を送ります。首、わきの下、脚のつけ根の部分に濡れタオルを当てるのも冷やす効果があります。

熱中症の予防は、暑すぎる環境下で山歩きをしないのが一番です。気温25度以上なら厳重注意、30度以上なら原則中止を目安にしてください。

熱中症の症状と分類

分類	症状	症状から見た診断
Ⅰ度	めまい・失神 筋肉痛・筋肉の硬直 手足のしびれ・気分の不快	熱失神 熱けいれん
Ⅱ度	頭痛・吐き気・嘔吐・倦怠感・虚脱感	熱疲労
Ⅲ度	（Ⅱ度の症状に加えて） 意識障害・けいれん・手足の運動障害 高体温 肝機能障害、腎機能障害、血液凝固障害	熱射病

悪天候を甘くみると気象遭難～低体温症に

低体温症は、低温の環境下で体温が維持できなくなる障害です。心臓・肺・脳の温度のことをコア体温、または深部体温といいます。コア体温は通常は37℃に保たれていますが、これが2度低下しただけで低体温症になります。

低体温症のおもな原因は、低温・強風・濡れの3つです。寒い時期にだけ起こるかというと、そうではなく、夏山で低体温症による死亡遭難が何度も起こっています。

コア体温の低下にしたがって、低体温症は次のように進行します。

コア体温が36℃に低下すると、寒さを感じ、震えが始まります。35℃で震えが最大になり、歩行が遅れるようになります。コア体温35℃以下が低体温症と診断されます。さらに低下するにつれ、よろめく、周囲に無関心になる、意味不明の言葉を発するなどの症状が表れます。運動機能に続いて、脳の機能も低下していることがわかります。

34℃が自力回復の限界とされています。これ以前に回復措置をとらなければ、助からない危険性が高まります。さらに32℃は危険な状態との境界点とされています。震えが止まり、立っていられなくなります。錯乱状態になることもあります。

以前、登山雑誌で、どれくらいの時間で低体温症になるか実験をしていました。ずぶ濡れで強風に当たるような最悪の条件下では、15分とか30分とか、驚くほど短時間で低体温症になることが報告されていました。

低体温症を防ぐ方法は、防風・防水・防寒のきちんとしたウェアを着ること、悪天候下でも行動食を食べ続けること、風雨の当たる場所に長時間とどまらないことなどです。

しかし、最大の防止策は、悪天候のときには避難して行動しないことです。

コア体温と低体温症の症状

36℃	・寒さを感じる、震えが始まる
35℃	・震えが大きくなる、歩行が遅れがちになる
35～34℃	・歩行は遅くよろめくようになる ・意味不明の言葉を発する、周囲に無関心になる
34℃	自力回復の限界
34～32℃	・まっすぐに歩けない、転倒する ・意識障害が始まる、ろれつが回らない、すぐ眠る
32℃	危険な状態との境界
32～30℃	・震えが止まる、立っていられなくなる ・思考ができない、錯乱状態になる ・意識を失う
30～28℃	・半昏睡状態、脈拍が弱い、呼吸数半減
28～26℃	・昏睡状態、心肺停止

突然死を防ぐために病院で検査を受けておく

山で起こる死亡事故は、転落・滑落などによる傷害、低体温症、心臓発作による突然死が3大原因となっています。

心臓病による突然死のほとんどは心筋梗塞によります。心臓を取り巻く冠動脈がつまって、心筋が壊死してしまう病気です。胸の痛みが起こり、しだいに強くなり、嘔吐、気分不良、冷や汗、不整脈などを起こし、ショック状態になるという恐ろしいものです。

山で心筋梗塞を起こすと助かるのは難しいですが、まったく不可能ではありません。

医師の野口いづみさんによると、心筋梗塞を起こした例のうち約4割は、発作の前触れが「胸の痛み」だけでしたが、約5割はそれ以外に呼吸困難・息切れ、冷や汗、吐き気・嘔吐、みぞおちの痛み、あご・のど・背中の痛み、心悸亢進《しんきこうしん》（ドキドキする感じ）、などがありました。

山歩き中に胸痛が起きたら歩くのを中止し、安静にして、胸痛以外の症状にも注意しながら様子を見ます。

意識不明になるか、状態がよくならないときは、急いで救急ヘリか救急車を要請します。

意識不明になったときは、その場ですぐに救急措置（心肺蘇生法）を行えるかどうかが、生死を分ける場合もあります。

山歩き中の心臓発作は、中高年だけでなく、30代から起こる危険性があります。死亡例は34歳からあり、男性が9割を占めます。ふだんから運動をしていない人、年間で2週間（14日）以上山登りをしていない人、狭心症など心臓の持病がある人、高血圧や高コレステロール、糖尿病のおそれのある人は危険だとされています。

山歩きをする前に、これらの条件がないか病院で検査を受けるのが、突然死予防の第一歩です。

健康状態が心配な人は「運動負荷試験」を申し込むと、運動をしたときの心電図の状態を調べて、隠れた危険要素を発見することもできます。

山歩きをする前日は、飲酒は控えめにし、十分に睡眠をとって体を休めます。朝食をしっかり食べてエネルギー不足にならないようにします。

山登り中は、心臓に負担をかけないようゆっくり歩き、欲しくならなくても定期的に水とミネラル（塩分）をとり、行動食を食べます。正しい方法で山歩きをすることが、そのまま事故の予防につながります。

7章

山を10倍楽しめる「1泊2日」の魅力

山に泊まると「山歩き」の範囲が大きく広がる

山で泊まる1泊2日以上になると、歩けるルートは格段に多くなります。それだけ遠い山、高い山、長い縦走ルートにも挑戦できることになります。

たとえば、東京都の最高峰である雲取山は、強い人なら奥多摩湖畔の鴨沢からコースタイム約9時間で往復できます。しかし、山頂近くにある雲取山荘に1泊すると、1日目5時間40分、2日目4時間と、無理のない山歩きになります。さらに、230ページのガイドのように、埼玉県側から登って東京都側へ下るというような、変化のある縦走ルートにして、山旅の雰囲気を楽しむこともできます。

三峰神社から雲取山へ縦走するルートは体力レベルが高く、ルート定数は42・0（体力度5）です。しかし2日間に行程を分けることによって、ルート定数は1日目25・9（体力度3）、2日目16・1（体力度2）となります。これは、初級レベルの山歩きを2日間連続で行う内容です。

実際に、食事つきの山小屋に泊まっての山歩きは、これまで解説した日帰りの山歩きを日数分だけするのとほとんど変わりません。ただ、1日目はリスクのある山中で行動を終えることになりますので、早めに小屋に到着できるよう意識しなくてはなりません。15時以前着が理想で、16時着は限界、17時着は遅すぎて危険と考えてください。

2日目は何も制約がありませんので、いくらでも早く出発できます。日の出前の薄暗いうちから出発して、展望のよい山頂でご来光（日の出）を見るとか、午前中に下山して、ゆっくり温泉に入る、山麓の町を観光する、というようなこともできます。

ただし、食事つきの宿泊ができる営業小屋は、限られた山域にしかありません。首都圏近郊の奥多摩、奥秩父、丹沢エリアと、中部山岳地域の北アルプス、南アルプス、八ヶ岳連峰は多いです。中央アルプスは木曽駒ヶ岳と空木岳周辺だけです。富士山と飯豊《いいで》連峰では7〜8月の夏山期間だけ山小屋が営業しています。

山中に泊まっての山歩きは、より深い山域に踏み込んで、夕暮れから深夜、早朝の山の風景にふれることになります。また一段階深く山歩きの魅力を知ることになるでしょう。しかし、日数が増えればそれだけ体の負担が増して、疲労が蓄積されていくかもしれません。体調管理など十分に気をつけなくてはなりません。

山歩きを楽しくし、危険から身を守る用具

営業小屋に泊まる山歩きの用具は、基本的に日帰りと同じ用具でできます。ストーブ、クッカーで飲み物や軽食を作れると楽しいですし、経費の節約にもなります。

ストーブ 山歩きで一番よく使われているのはガスストーブで、ガスカートリッジにバーナーヘッドを取り付けて使います。火力が強くどんな調理でもできますが、カートリッジが重いのが欠点です。液体アルコールを使うストーブは、燃料が安価で軽いです。火力はガスよりも弱いですが、簡単な調理には十分便利に使えます。固形アルコール燃料と燃焼台（ゴトク）がセットになったコンパクトなものもあります。千数百円と安価なのがメリットです。風に弱いので風防をセットして使うほうがいいです。

クッカー 調理に使う鍋です。小さいものは食器にも使います。アルマイトかチタン製で、1人分のラーメンが作れる900ccぐらいのものがいいでしょう。深型のタイプはガスカートリッジがちょうど収まって、パッキングがしやすいです。

追加を検討してみたい用具

アルコールストーブと
1〜2人用クッカー

ガスストーブ

固形燃料のストーブと調理もできるカップ

カトラリー

ツエルト(簡易テント)

カトラリー　ナイフ、フォーク、スプーンのコンパクトな3点セットです。調理に使うので金属製のほうが安心です。ハシもあったほうが何かと便利です。

ツエルト　三角テントの形に縫い付けられたナイロンシートで、緊急避難のために使います。トラブルのため宿泊地にたどり着けず、山中で夜を明かす（「ビバーク」といいます）ときに、ツエルトを上からかぶる、木に結び付けて吊るした中に入る、トレッキングポールと細引きでテントのように張る、というような使い方をします。１泊２日以上の山歩きをするようになったら、ツエルトを持っていくようにしてください。３００g程度のとても軽い製品が出ています。

山小屋の夜……周囲に気配りしつつ楽しもう

山小屋は、あらかじめ予約を入れるのが確実です。尾瀬、八ヶ岳、北アルプスのように混雑するエリアでは、完全予約制の小屋も多いです。

小屋への到着は遅くとも16時までにしたいですが、それ以上遅れる場合には連絡を入れます。携帯電話の電波が届かない場所もあるので、必要な連絡は早めにしましょう。

小屋に到着したら、雨の日ならレインウェア、パックカバー、ゲイターなど、濡れ物を外ではずしてまとめ、靴の泥もできるだけ落とし、トレッキングポールは短くたたんでから小屋内に入ります。小屋の中を汚さないための配慮です。

受付で代表者が宿帳に記入し、トイレ、寝室、パック置き場、夕食時刻、消灯時刻などの説明を受けます。登山靴とバックパックは決められた場所に置きます。靴はまちがえやすいので、左右の靴ひもを結んだうえ目印をしておくといいです。

夕食までの自由時間は、山々を眺めながら祝杯をあげるなど楽しい時間です。夕食もまた、心尽くしの料理をいただきながら、当日の山の話に花が咲きます。食事がすむと、また消灯時刻までフリータイムです。小屋で出会った人たちや、運がよければ小屋のご主人も加わって山の話題に耳を傾けるなど、山小屋の夜は楽しく更けていきます。

寝室は男女関係なく、大部屋にふとんを並べて寝るのが普通です。消灯時刻は20～21時ごろが平均的ですが、19時消灯という早い小屋もあります。翌朝の出発が早い場合は、消灯時刻までにパックの荷物をある程度まとめておきましょう。

朝は暗いうちから起き出す人も多いです。真っ暗な3時ごろからガサゴソと音を立てるのは控えたいものです。昨夜まとめておいたパックを、室外に持ち出してからパッキングするなど気を配りましょう。

起床したら、何よりまずトイレをすませます。水が貴重な稜線の小屋では、歯みがきや洗顔はできないのが普通です。ウエットティッシュで簡単にすませ、ルート途中の水場などで、あらためて歯みがき・洗顔をするようにします。

トイレがすんだら、朝食の列をキープします。朝食は混んでいると交替制になって、あとの順番になるほど出発が遅れてしまいます。確実に早く出発したいなら、前日の受付のときに、朝食代わりに弁当にしてもらえないか頼んでみるといいでしょう。

山小屋は登山者の安全と山の自然を守る

山小屋は宿泊客を受け入れるだけの施設ではありません。一般社会から遠く離れた場所にあって、登山の安全のためにさまざまな役割を果たしています。

まず、宿泊希望の登山者は、全員受け入れるのが原則です。さほど広くない山小屋が多くの登山者で混雑していても、それは営利のためではないことを理解して、不便をしのがなくてはなりません。また、混雑の中でお互いに不快な思いをしなくてすむように、譲り合う気持ちで接することも必要です。

山小屋には、気象情報や現地の危険情報などはかならず掲示され、最近はウェブサイトでも公開されています。同時に、ルート上の危険箇所や注意点、どんな行為をすると危険か、登山者へのアドバイスが載っていることもあります。山小屋の情報はもっとも信頼できるもので、登山者が第一に知っておくべき情報です。

スタッフは、登山者の安全のために定期的にルートを見回ってチェックし、浮き石や倒

山小屋は遭難対策の拠点になる（奥秩父・富士見平小屋）

木の整理、登山道の補修、道標の整備などの作業をしています。出会った登山者が危険な行動をしていれば注意し、困っている登山者は助けて保護します。

登山者が最も多くなる夏山シーズンには、警察の救助隊員や民間救助隊員が常駐していたり、建物の一部を提供して医学部生のボランティアを受け入れ、臨時診療所を設けている山小屋もあります。

遭難事故が発生すると、県警への通報、救助隊の受け入れを行い、小屋のスタッフが初期救助隊として現地に向かうこともあります。山小屋は遭難対策の重要な拠点です。

山の安全維持と環境保全のために、多くの仕事をしているのが山小屋なのです。

コースガイド⑦

三峯神社から雲取山（東京都・埼玉県、2017m）

——奥秩父・奥多摩の両方にまたがる代表的ルート

雲取山《くもとり》は東京都の最高峰で、埼玉県との県境にあります。ちなみに山梨県の範囲は、山頂三角点からわずかに（50〜60mほど）南へ外れています。

雲取山は奥多摩エリアの最西端にあって、奥秩父エリアから見るともっとも東に位置しています。埼玉県側から登って東京都側へ下るこのルートは、前半で奥秩父の奥深い雰囲気を味わい、後半では奥多摩の明るいハイキングムードを楽しめます。

西武秩父駅発三峯神社行きのバスは、冬以外は週末に臨時便が出ます。それでも歩き始めは10時ごろになります。タクシーを利用すると1時間ほど早められるかもしれません。料金は西武秩父駅から1万2000円ぐらい、三峰口駅から7200円ぐらいです。

時間がないので三峯神社は寄らずに出発します。立派な杉林の中を行き、炭焼平《すみやきびら》を過ぎるとブナ林に変わります。霧藻《きりも》ヶ峰休憩舎からは両神山《りょうかみ》、浅間《あさま》山方面がよく見えます。

お清平《きよだいら》から前白岩《しらいわ》山までが、このルート中もっとも急な登りになります。約50分、あせ

山頂から奥多摩側の眺め。山は左から鷹ノ巣山、大岳山《おおたけさん》、御前山《ごぜんやま》

前白岩山への急斜面を登る

コースタイム	ルート距離	登り標高差	下り標高差	ルート定数
9.1時間	21.4km	1780m	2290m	42.0

らずじっくりと登りましょう。登り切ると白岩山の手前に白岩小屋がありますが、老朽化していて宿泊はできません。白岩山からは針葉樹林帯に入ります。奥秩父の特色である原生林の静かな道が、雲取山荘を経て雲取山まで続いています。

2日目は行程が短いので、山荘をゆっくり出ても問題ありません。尾根上を約30分登ると雲取山山頂に着きます。富士山、南アルプス、奥秩父、奥多摩方面の眺めが広がっています。頂上直下に避難小屋があって、トイレも使えます。

下りは奥多摩エリアの石尾根《いしおね》縦走路を行きます。植生がガラリと変わって、明るい草原とカラマツの人工林になります。ブナ坂から南方向への巻き道もありますが、奥多摩の名山の一つである七ツ石山を登っていきましょう。頂上からは雲取山がきれいな姿に見え、近くに信仰の対象だった七ツ石と、小さな神社もあります。七ツ石小屋を経て、しだいに廃屋や畑地が出てきて人間臭くなってゆく風景の中を鴨沢へ下ります。

《参考タイム》 1日目／三峯神社バス停→（1時間45分）→霧藻ケ峰→（1時間35分）→白岩小屋→（1時間10分）→大ダワ→（30分）→雲取山荘 ［歩行合計 5時間］ 2日目／雲取山荘→（30分）→雲取山→（1時間15分）→七ツ石山→（2時間）→小袖乗越→（20分）→鴨沢 ［歩行合計 4時間5分］

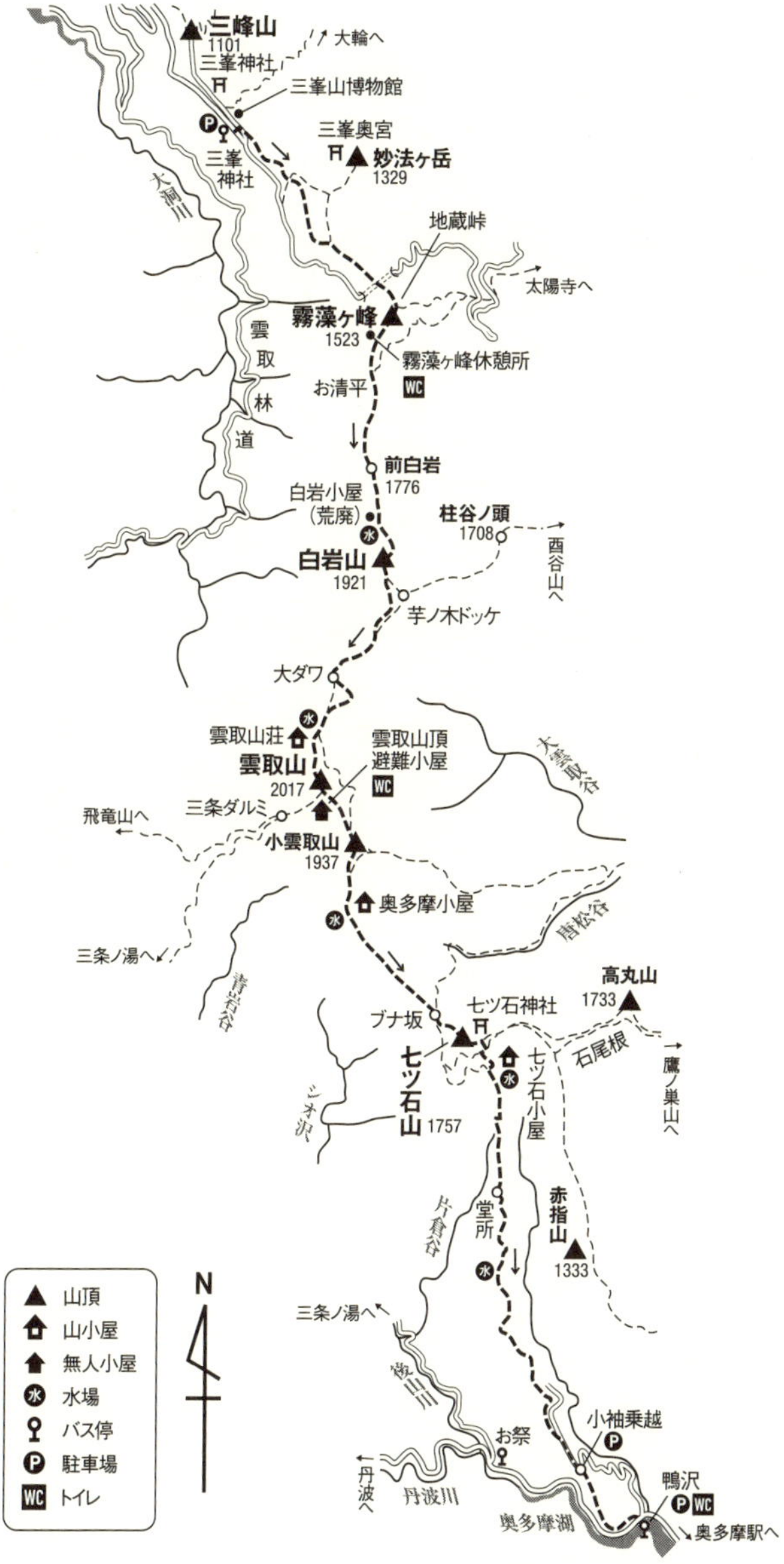

三峰山
1101
大輪へ
三峯神社
三峯山博物館
三峯奥宮
三峯神社
妙法ヶ岳
1329
大洞川
地蔵峠
太陽寺へ
霧藻ヶ峰
1523
霧藻ヶ峰休憩所
雲取林道
お清平
前白岩
1776
白岩小屋
（荒廃）
柱谷ノ頭
1708
西谷山へ
白岩山
1921
芋ノ木ドッケ
大ダワ
雲取山荘
雲取山頂
避難小屋
雲取山
2017
大雲取谷
三条ダルミ
飛竜山へ
小雲取山
1937
奥多摩小屋
唐松谷
三条ノ湯へ
青岩谷
高丸山
1733
ブナ坂
七ツ石神社
七ツ石山
1757
シオ沢
七ツ石小屋
石尾根
鷹ノ巣山へ
片倉谷
堂所
赤指山
1333
三条ノ湯へ
後山川
小袖乗越
お祭
鴨沢
丹波へ
丹波川
奥多摩湖
奥多摩駅へ
N
山頂
山小屋
無人小屋
水場
バス停
駐車場
トイレ

コース
ガイド ⑧

南八ヶ岳周回ルート（長野県・山梨県、赤岳2899m）

――3000m級の岩稜を体験できる本格的ルート

ＪＲ中央本線・茅野《ちの》駅からのバスは美濃戸口《みのとぐち》止まりですから、電車・バス利用の場合は美濃戸までの歩行（登り1時間、下り50分）が加わります。このガイドは、タクシーかマイカーで美濃戸まで入ることにして説明します。

美濃戸山荘の前で右に分かれる柳川《やながわ》南沢の道に入ります。ゆるやかに登る沢沿いの山道を行きます。何度か流れを渡りますが、橋が架かっていますので問題ありません。2回ほど休憩をはさんで、高山的な雰囲気の場所にある行者小屋に着きます。

赤岳鉱泉への道を少し進むと、地蔵尾根への分岐があります。針葉樹林の中を20分ほど登るとダケカンバの林に変わり、急に傾斜が立ってけわしい岩場になります。岩尾根にハシゴと鎖場が連続します。登ること自体は難しくないですが、踏み外すと確実に事故になってしまうことを考え、ゆっくりと慎重に登ります。登り切った地蔵ノ頭から、赤岳側へわずかな距離に赤岳天望荘があります。

赤岳北峰から横岳、硫黄岳、天狗岳。右下に赤岳天望荘が見える

横岳の鎖場のトラバース。ルート中の難所の一つ

コースタイム	ルート距離	登り標高差	下り標高差	ルート定数
9.4時間	15.7km	1590m	1590m	38.5

2日目は早起きをして、赤岳山頂でご来光（日の出）を見ましょう。日の出時刻の1時間前に出発して、20〜30分後にはライトのいらない明るさになります。赤岳からは中部山岳地域を見渡す大きな展望が広がります。ご来光は忘れられないものになるでしょう。

赤岳天望荘へ戻り、横岳へ向かいます。これまでの岩場よりも少しだけ難しくスリルのある岩場が連続します。ルートをそれないように注意しながら一つひとつ越えていきます。

1時間ほどで最高点の奥ノ院に着きます。その先が一番の悪場で、足元が切れ落ちた岩場にハシゴ、鎖が連続してかけられています。ここを通過すると岩稜は終わりです。

台座《だいざ》ノ頭《かしら》の先にはコマクサの大きな群落が広がり、大ダルミにかけて花のきれいな所です。ドーム型の広々とした硫黄岳で左の分岐へ入ると、急坂をぐんぐん下って赤岳鉱泉に着きます。柳川北沢の道は南沢よりも歩きやすく、思ったよりも短時間で林道に出ます。心地よい脚の疲れを感じながら、30分強で美濃戸に戻ります。

《参考タイム》 1日目／美濃戸→（2時間）→行者小屋→（1時間30分）→地蔵ノ頭・赤岳天望荘 ［歩行合計 3時間30分］ 2日目／赤岳天望荘→（40分）→赤岳→（20分）→赤岳天望荘→（1時間）→横岳・奥ノ院→（50分）→硫黄岳→（1時間35分）→赤岳鉱泉→（1時間30分）→美濃戸 ［歩行合計 5時間55分］

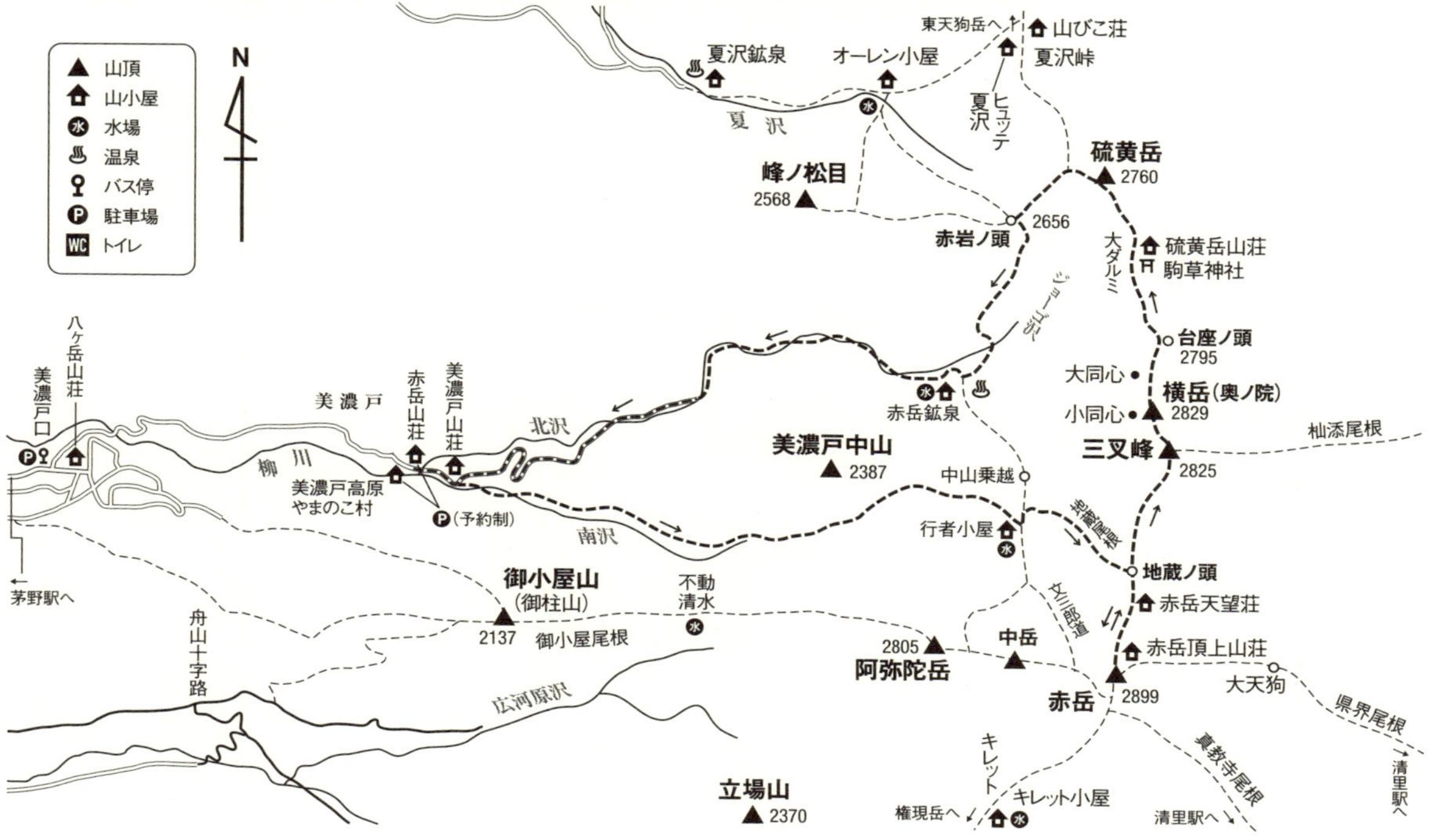
山頂
山小屋
水場
温泉
バス停
駐車場
トイレ
N
東天狗岳へ
山びこ荘
夏沢峠
夏沢鉱泉
オーレン小屋
夏沢ヒュッテ
夏沢
硫黄岳
2760
峰ノ松目
2568
2656
赤岩ノ頭
大ダルミ
硫黄岳山荘
駒草神社
ジョウゴ沢
台座ノ頭
2795
大同心
横岳（奥ノ院）
小同心
2829
杣添尾根
三叉峰
2825
赤岳鉱泉
美濃戸中山
2387
中山乗越
行者小屋
地蔵尾根
地蔵ノ頭
赤岳天望荘
文三郎道
赤岳頂上山荘
中岳
2805
阿弥陀岳
赤岳
2899
大天狗
県界尾根
清里駅へ
真教寺尾根
清里駅へ
キレット
キレット小屋
権現岳へ
立場山
2370
八ヶ岳山荘
美濃戸口
美濃戸
赤岳山荘
美濃戸山荘
北沢
柳川
美濃戸高原
やまのこ村
（予約制）
南沢
茅野駅へ
御小屋山
（御柱山）
2137
御小屋尾根
不動清水
舟山十字路
広河原沢

人生を自由自在に活動《プレイ》する

青春新書
PLAYBOOKS

人生の活動源として

いま要求される新しい気運は、最も現実的な生々しい時代に吐息する大衆の活力と活動源である。

文明はすべてを合理化し、自主的精神はますます衰退に瀕し、自由は奪われようとしている今日、プレイブックスに課せられた役割と必要は広く新鮮な願いとなろう。

いわゆる知識人にもとめる書物は数多く窺うまでもない。

本刊行は、在来の観念類型を打破し、謂わば現代生活の機能に即する潤滑油として、逞しい生命を吹込もうとするものである。

われわれの現状は、埃りと騒音に紛れ、雑踏に苛まれ、あくせく追われる仕事に、日々の不安は健全な精神生活を妨げる圧迫感となり、まさに現実はストレス症状を呈している。

プレイブックスは、それらすべてのうっ積を吹きとばし、自由闊達な活動力を培養し、勇気と自信を生みだす最も楽しいシリーズたらんことを、われわれは鋭意貫かんとするものである。

―創始者のことば― 小澤和一

著者紹介

野村 仁〈のむら　ひとし〉

1954年、秋田県生まれ。中央大学卒業。

登山、クライミング、自然・アウトドアなどを専門分野とする編集者・ライター。登山技術、山岳遭難関連の執筆を長年にわたって続ける。編集事務所「編集室アルム」主宰。

山の文化を研究する日本山岳文化学会常務理事、遭難分科会、地理・地名分科会メンバー。

学生時代から社会人山岳会で登山技術を学び、以後、里山歩きからテント泊縦走まで、幅広く登山を行なっている。登山歴40年以上。

著書に『やってはいけない山歩き』(青春新書プレイブックス)、『入門&ガイド 雪山登山』(山と渓谷社)等がある。

55歳《さい》からの
やってはいけない山歩《やまある》き

青春新書 PLAYBOOKS

2018年10月1日　第1刷

著　者　野《の》　村《むら》　仁《ひとし》

発行者　小澤源太郎

責任編集　株式会社プライム涌光

電話　編集部　03(3203)2850

発行所　東京都新宿区若松町12番1号 〒162-0056　株式会社青春出版社

電話　営業部　03(3207)1916　振替番号　00190-7-98602

印刷・大日本印刷　製本・フォーネット社

ISBN978-4-413-21119-2